COASTLINE WALES
ARFORDIR CYMRU

GRAFFEG

First published 2008
© Graffeg 2008
ISBN 9781905582167

Graffeg
Radnor Court
256 Cowbridge Road East
Cardiff CF5 1GZ
Wales UK
T: +44 (0)29 2037 7312
sales@graffeg.com
www.graffeg.com

Distributed by the Welsh Books
Council www.cllc.org.uk
castellbrychan@cllc.org.uk

A CIP Catalogue record for
this book is available from the
British Library.

Designed and produced by
Peter Gill & Associates
sales@petergill.com
www.petergill.com

Coastline Wales
Author Andy Davies,
art director Peter Gill,
copy editor Rhodri Owen,
designer Diana Edwards,
production editor
Vanessa Kilcoyne,
production artwork
David Williams.

The publisher acknowledges
the financial support of the
Welsh Books Council.

Every effort has been made to
ensure that the information
in this book is current and it
is given in good faith at the
time of publication. Please be
aware that circumstances can
change and be sure to check
details before visiting any of the
restaurants featured.

Picture credits:
© Alamy / Aber: 8 / Derek
Payne: 64 / Manor Photography:
65 / Realimage: 108 / Alan King:
188. © Andy Davies: 3, 5, 7, 8,
11, 13, 14, 16, 20, 22, 23, 24, 28,
29, 34-35, 39, 42-44, 48, 50-53,
58-61, 67, 69-70, 72, 76-82, 84,
86, 88, 90-92, 94, 96-98, 101,
104-107, 110, 113, 114-137, 142,
143, 147-165, 170-175, 180-181.
© britainonview.com: 186 /
Graham Bell: 103 /
Andy Stothert: 112, 176.
© PhotolibraryWales.com: 8,
18, 22, 24, 26, 27, 30, 33, 34,
37, 40, 46, 56, 57, 62, 74, 115,
130, 138, 140, 167, 169, 178,
182, 186. Visit Wales © Crown
copyright: 32.

Cyhoeddwyd am y tro cyntaf
yn 2008
℗ Graffeg 2008
ISBN 9781905582167

Graffeg
Radnor Court
256 Cowbridge Road East
Caerdydd CF5 1GZ
Cymru y DU
Ffôn: +44 (0)29 2037 7312
sales@graffeg.com
www.graffeg.com

Mae Graffeg trwy hyn yn cael
eu nodi fel awduron y gwaith
hwn yn unol ag adran 77 Deddf
Hawlfreintiau, Dyluniadau a
Phatentau 1988.

Dosbarthwyd gan Gyngor
Llyfrau Cymru
www.cllc.org.uk
castellbrychan@cllc.uk

Mae cofnod catalog CIP ar gyfer
y llyfr hwn ar gael o'r Llyfrgell
Brydeinig.

Dyluniwyd a chynhyrchwyd gan
Peter Gill & Associates
sales@petergill.com
www.petergill.com

Arfordir Cymru
Awdur Andy Davies,
cyfarwyddwr celf Peter Gill,
golygydd copi Rhodri Owen,
dylunydd Diana Edwards,
golygydd cynhyrchu
Vanessa Kilcoyne, gwaith celf y
cynhyrchiad David Williams.

Mae'r cyhoeddwr yn cydnabod
cynhorthwy ariannol Cyngor
Llyfrau Cymru.

Gwnaed pob ymdrech i sicrhau
bod yr wybodaeth yn y llyfr
hwn yn gyfoes ac yn cael ei
chyflwyno yn ddiffuant adeg
y cyhoeddi. Dylech fod yn
ymwybodol y gall amgylchiadau
newid a dylech wirio manylion
cyn ymweld ag unrhyw rai o'r
bwytai y rhoddir sylw iddynt yn
y llyfr.

Cydnabyddiaeth am luniau:
℗ Alamy / Aber: 8 / Derek
Payne: 64 / Manor Photography:
65 / Realimage: 108 / Alan King:
188. ℗ Andy Davies: 3, 5, 7, 8,
11, 13, 14, 16, 20, 22, 23, 24, 28,
29, 34-35, 39, 42-44, 48, 50-53,
58-61, 67, 69-70, 72, 76-82, 84,
86, 88, 90-92, 94, 96-98, 101,
104-107, 110, 113, 114-137, 142,
143, 147-165, 170-175, 180-181.
℗ britainonview.com: 186 /
Graham Bell: 103 /
Andy Stothert: 112, 176.
℗ PhotolibraryWales.com: 8,
18, 22, 24, 26, 27, 30, 33, 34, 37,
40, 46, 56, 57, 62, 74, 115, 130,
138, 140, 167, 169, 178, 182,
186. Visit Wales ℗ Hawlfraint y
Goron: 32.

COASTLINE WALES
ARFORDIR CYMRU

Skomer Island, Pembrokeshire.
Photographer, Andy Davies.

Ynys Sgomer, Sir Benfro.
Ffotograffydd, Andy Davies.

From the modern sophistication of Cardiff Bay to the Victorian splendour of Llandudno; the limestone cliffs of the Glamorgan Heritage Coast to the sands of Newgale in Pembrokeshire, Wales's shoreline offers a dramatic range of contrasts. With stirring illustrations and revealing captions; Coastline Wales celebrates the nation's coastal landscape, heritage and wildlife.

Coastline Wales by Andy Davies, art editor Peter Gill, text editor Rhodri Owen.

Published by Graffeg.

O fydolrwydd modern Bae Caerdydd i ysblander Fictoraidd Llandudno; clogwyni calchfaen Arfordir Treftadaeth Morgannwg i draeth Niwgwl yn Sir Benfro, mae traethlin Cymru yn cynnig ystod trawiadol o gyferbyniadau. Gyda lluniau cyffrous ac eglurynnau dadlennol; mae Arfordir Cymru yn dathlu tirwedd, etifeddiaeth a bywyd gwyllt arfordirol y genedl.

Arfordir Cymru gan Andy Davies, cyfarwyddwr celf Peter Gill, golygydd testun Rhodri Owen.

Cyhoeddwyd gan Graffeg.

Introduction

Wales's 800 miles (1,300km) of coastline boasts an unparalleled variety of landscape varying from sheltered inlets to exposed towering headlands, from muddy estuaries to golden sandy beaches. Much of it can still be described as wilderness, with some secluded coves still waiting to be discovered even by the locals. The sea adds another dimension to the experience: the coast pulses with the daily ebb and flow of the tides, and each vista alters with the changing seasons as the sea's mood changes from placid and welcoming to raging and defiant.

In winter the south-west coast of Wales is exposed to the full force of Atlantic storms, borne from deep low pressure systems spawned off the east coast of America. Ferocious winds whip the sea in mid-ocean, sending huge swells to break on Welsh cliffs and beaches. Springtime is a joy to behold when the coastal plants burst into colour. Carpets of bluebells, red campion, spring squill and primroses appear almost overnight, studded here and there with early purple orchids. Ocean-wandering birds such as guillemots, razorbills, puffins, kittiwakes and fulmars return to favoured nesting sites, providing a wildlife spectacle on a par with any show in the world.

Summer is the time to watch bottlenose dolphins feeding off the headlands near New Quay and to encounter grey seals that use inaccessible caves and coves to give birth to their pups. Autumn is a good season for a swim, as the sea retains its heat long after the children have gone back to school and clean surfing waves arrive at the coast after being generated by hurricanes west of the Caribbean.

The Welsh coast is a tough place for plants and animals to live, but the very harshness of this environment has led to its high biodiversity with many niches filled by specialist and opportunistic organisms. The most extreme are to be found in the intertidal area and the zone just above that, which is subject to salt spray. Species living between the tides have to be able to survive inundation by salt water, exposure to air, rain, sunlight and battering by waves. Plants and lichens living on exposed cliffs have to be able to withstand regular doses of salt and extreme winds. For those who snorkel or scuba dive, the underwater realm provides the richest wildlife experience to be had anywhere in Wales.

Today we view the Welsh coastline very much from a landward perspective, but in the past it was the sea that provided the highway for the movement of goods and people. Almost every strategic cliff top position boasted an Iron Age community able to make use of the rich source of food to be found in the intertidal zone.

Looking to the future, the Welsh coastline is in the 'firing line', exposed as it is in the west to more extreme wave action, winds and tidal surges. Sea levels have been forecast to rise by as much as a metre by 2100 with a warming climate leading to more storm events. As the sands of time pass, so the ever-changing coastline of Wales will continue to evolve.

Tourists boarding the Dale Princess at Martins Haven to Skomer Island. The Atlantic grey seal is often seen around the coast of Wales. Children oblivious of the cold water at Easter.

Twristiaid yn mynd ar fwrdd y Dale Princess yn Martins Haven i Ynys Sgomer. Gwelir y morlo llwyd yn aml o amgylch arfordir Cymru. Plant heb sylwi ar oerni'r dŵr adeg y Pasg.

Arfordir Cymru

Rhagarweiniad

Mae gan arfordir Cymru sy'n 800 milltir (1,300km) o hyd amrywiaeth diguro o dirlun sy'n amrywio o gilfachau cysgodol i bentiroedd uchel ac amlwg, o aberoedd mwdlyd i draethau tywod euraidd. Gellir disgrifio llawer ohono o hyd fel gwylltineb, gyda rhai cildraethau yn dal i ddisgwyl am gael eu darganfod hyd yn oed gan y bobl leol. Mae'r môr yn ychwanegu dimensiwn arall i'r profiad: mae'r arfordir yn cael ei effeithio gan y llanw a thrai bob dydd ac mae pob golygfa yn newid gyda'r tymhorau wrth i awyrgylch y môr newid o fod yn dawel ac yn groesawus i fod yn wyllt ac yn herfeiddiol.

Yn y gaeaf amlygir arfordir de orllewin Cymru i rym llawn stormydd yr Iwerydd, sy'n deillio o systemau gwasgedd isel dwfn sy'n tarddu oddi ar arfordir dwyreiniol America. Mae gwyntoedd cryfion yn chwipio'r môr yng nghanol y cefnfor, gan anfon ymchwydd tonau enfawr i dorri ar glogwyni a thraethau Cymru. Mae'r gwanwyn yn llawenydd i'r llygad pan fo'r planhigion arfordirol yn ffrwydro yn wahanol liwiau. Mae carpedi o glychau'r gog, gledlys coch, seren y gwanwyn a briallu yn ymddangos bron dros nos, gyda thegeirianau piws cynnar i'w gweld yma ac acw rhyngddynt. Mae adar sy'n crwydro'r cefnforoedd fel gwylogiaid, llursod, palod, gwylanod coesddu ac adar drycin y graig yn dychwelyd i'w hoff safleoedd nythu, gan ddarparu gwledd o fywyd gwyllt y gellir ei gymharu ag unrhyw sioe yn y byd.

Yr haf yw'r amser i wylio'r dolffiniaid trwynbwl yn bwydo oddi ar y pentiroedd ger Cei Newydd ac i weld y morloi llwyd sy'n defnyddio ogofâu a childraethau anhygyrch i roi genedigaeth i'w rhai bach. Mae'r hydref yn dymor da i fynd i nofio oherwydd bod y môr yn cadw ei wres yn hir ar ôl i'r plant fynd yn ôl i'r ysgol ac mae tonnau syrffio glân yn cyrraedd yr arfordir ar ôl cael eu cynhyrchu gan gorwyntoedd i'r gorllewin o'r Caribî.

Mae arfordir Cymru yn lle garw i blanhigion ac anifeiliaid fyw, ond mae gerwinder yr amgylchedd wedi arwain at ei fioamrywiaeth uchel gyda llawer o hafnau wedi eu llenwi gan organebau arbenigol, sy'n manteisio ar eu cyfle i oroesi. Mae'r rhai mwyaf eithafol i'w canfod yn yr ardal rynglanw a'r gylchfa ychydig uwchben hynny a effeithir gan ewyn yr heli. Mae rhywogaethau sy'n byw rhwng y llanw yn gorfod gallu goroesi cael eu boddi gan ddŵr heli, eu hamlygu i'r aer, glaw, golau'r haul a chael eu taro gan y tonnau. Mae'n rhaid i blanhigion a chen cerrig sy'n byw ar glogwyni wedi eu hamlygu allu gwrthsefyll dognau rheolaidd o heli ac o wyntoedd cryfion. I'r rhai hynny sy'n snorclo neu ddeifio sgwba, mae'r byd tanddwr yn darparu'r profiad cyfoethocaf o fywyd gwyllt i'w brofi unrhyw le yng Nghymru.

Heddiw edrychwn ar arfordir Cymru o safbwynt rhywun ar y tir, ond yn y gorffennol y môr oedd yn darparu'r briffordd i symud nwyddau a phobl. Roedd gan bron i bob safle strategol ar ben clogwyn gymuned o Oes yr Haearn a oedd yn gallu gwneud defnydd o'r ffynhonnell gyfoethog o fwyd i'w chanfod yn y gylchfa rynglanw.

Wrth edrych tua'r dyfodol, mae arfordir Cymru yn y 'llinell danio' wedi ei amlygu fel ag y mae yn y gorllewin i weithred fwy eithafol y tonnau, gwyntoedd ac ymchwydd y llanw. Rhagfynegir y bydd lefelau'r môr yn codi o gymaint â metr erbyn 2100 gyda hinsawdd sy'n cynhesu yn arwain at fwy o stormydd. Gyda threigl tywod amser, bydd morlin Cymru sy'n newid yn barhaus hefyd yn parhau i esblygu.

St Brides Haven
Spectacular evening light illuminates the Old Red Sandstone Cliffs north of St Brides Haven.

Hafan Sain Ffraid
Mae golau min nos ysblennydd yn goleuo'r Hen Glogwyni Tywodfaen Coch i'r gogledd o Hafan Sain Ffraid.

Contents

Cynnwys

Conwy Quay looking across the water to Deganwy in the distance. Trawlers in Aberystwyth land their catch daily. Underwater at St Nons.

Cei Conwy yn edrych dros y dŵr i Ddeganwy yn y pellter Mae llongau pysgota yn dod â'u dalfa i'r lan yn Aberystwyth bob dydd. Dan y dŵr yn Santes Non.

1. Severn Estuary and Bristol Channel
Chepstow to Kenfig

The 45 mile (72km) stretch of coastline from the Welsh border at Chepstow to the capital city of Cardiff adds up to a vast expanse of low-lying land that at first glance may seem to have little landscape or wildlife value. It is entirely man-made and the result of a series of attempts to reclaim land from the tidal salt marsh that once bordered the estuary. Known as The Levels, it is protected from flooding by a seawall, and the area behind is drained by a network of freshwater ditches, or reens, whose pattern almost certainly dates back to Roman times.

The Severn Estuary's classic funnel shape results in a 15-metre tidal range, the second highest in the world after the Bay of Fundy in Canada. The range is impressive on spring tides twice a month but the biggest distance between low and high tide marks occurs around the spring and autumn equinoxes. Further up the estuary near the port of Sharpness, the Severn Bore is formed, a natural tidal wave that travels upstream against the river current.

Along the gently shelving coastline, extensive mudflats are exposed during low tides. This mud is extremely rich in worms and other invertebrates which provide a plentiful food supply for the wide range of birdlife that makes the Estuary of international importance in terms of nature conservation. In the spring and autumn, thousands of migrating wading birds moving up the west coast of Britain stop here to refuel, while nearly 100,000 waterfowl, especially swans, ducks and waders, spend the winter here. The Newport Wetlands National Nature Reserve is an excellent place to visit to see a wide variety of wildlife.

The Estuary and Levels are a phenomenally rich archaeological landscape. At the height of the last Ice Age, around 18,000 years ago, sea levels were much lower than they are today. As the ice melted, the valley was gradually inundated by the sea. The area was inhabited by Mesolithic man at this time and possibly the most important archaeological site of this period so far discovered in Wales is at Goldcliff, where stone tools, animal and fish bones have been found. An extraordinary trail of footprints leading out to sea has recently been discovered preserved in a layer of clay beneath the estuary mud at Uskmouth. Scientific study has found that this man walked barefoot here some 6,250 years ago.

The Bristol Channel begins at Lavernock Point from where Marconi made his historic radio transmission across the sea to Flat Holm Island. The cliffs of the Vale of Glamorgan are spectacular and 14 miles (22.5km) have been designated as a Heritage Coast. Visit the interpretation centre at Southerndown to find out more. One of the finest wildlife habitats in Wales can be found at Kenfig National Nature Reserve which also has an excellent information centre.

Goldcliff
Mudflats exposed at low tide are rich feeding grounds for birds.

Goldcliff
Mae traethellau llaid wedi'u hamlygu pan fo'r llanw ar drai yn diroedd bwydo cyfoethog ar gyfer adar.

1. Aber Hafren a Sianel Bryste
Cas-gwent i Gynffig

Mae'r darn 45 milltir (72km) o arfordir o ffin Cymru yng Nghas-gwent i'r brif ddinas yng Nghaerdydd yn ychwanegu at ehangder o dir isel a all ymddangos ar yr olwg gyntaf fel pe bai ganddo ond ychydig o werth o safbwynt tirlun neu fywyd gwyllt. Mae'n gwbl artiffisial ac yn ganlyniad cyfres o ymdrechion i adfer tir o'r forfa heli a effeithir gan y llanw a oedd ar un adeg yn ffinio'r aber. Mae'r tir a adwaenir fel Y Lefelau yn cael ei warchod rhag llifogydd gan forglawdd, ac mae'r ardal y tu ôl iddo yn cael ei ddraenio gan rwydwaith o ffosydd dŵr croyw, neu ffosydd draenio, y mae eu patrwm bron yn sicr yn dyddio'n ôl i gyfnod y Rhufeiniaid.

Mae siâp twndis clasurol aber afon Hafren yn arwain at ystod llanw o 15 metr, yr ail uchaf yn y byd ar ôl Bae Fundy yng Nghanada. Mae'r ystod yn drawiadol ar adeg y llanw mawr ddwywaith y mis ond mae'r pellter mwyaf rhwng marciau'r distyll a'r penllanw yn digwydd o amgylch cyhydnosau'r gwanwyn a'r hydref. Ymhellach i fyny'r aber ger porthladd Sharpness, ffurfir Eger Hafren, ton naturiol a effeithir gan y llanw sy'n teithio i fyny'r afon yn groes i gerrynt yr afon.

Ar hyd yr arforlin gyda'i silffoedd graddol, amlygir fflatiau llaid helaeth yn ystod y distyll. Mae'r mwd hwn yn hynod o gyfoethog mewn pryfed genwair ac infertebratau eraill sy'n darparu cyflenwad bwyd digonol i'r ystod eang o adar sy'n gwneud yr Aber yn un o bwysigrwydd rhyngwladol yn nhermau gwarchod natur. Yn y gwanwyn a'r hydref, mae miloedd o adar rhydio mudol sy'n symud i fyny arfordir gorllewinol Prydain yn aros yma i orffwys ac ymbaratoi, tra bo bron i 100,000 o adar dŵr, yn arbennig elyrch, hwyaid ac adar rhydio yn treulio'r gaeaf yma. Mae Gwarchodfa Natur Genedlaethol

Gwlyptiroedd Casnewydd yn lle ardderchog i ymweld ag ef i weld amrywiaeth eang o fywyd gwyllt.

Mae'r Aber a'r Lefelau yn dirlun archeolegol sy'n hynod o gyfoethog. Pan oedd Oes ddiwethaf yr Iâ yn ei hanterth, tua 18,000 o flynyddoedd yn ôl, roedd lefelau'r môr yn llawer is nag y maent heddiw. Wrth i'r iâ doddi, cafodd y dyffryn ei foddi'n raddol gan y môr. Pobl Fesolithig oedd yn byw yn yr ardal y pryd hwn ac efallai mai safle archeolegol pwysicaf y cyfnod hwn a ddarganfuwyd hyd yma yng Nghymru yw'r un yn Goldcliff, lle canfuwyd arfau cerrig, esgyrn anifeiliaid a physgod. Darganfuwyd llwybr rhyfeddol o olion troed yn arwain allan i'r môr yn ddiweddar wedi eu cadw mewn haen o glai o dan fwd yr aber yn Uskmouth. Mae astudiaeth wyddonol wedi darganfod fod y dyn hwn wedi cerdded yn droednoeth yma rhyw 6,250 o flynyddoedd yn ôl.

Mae Sianel Bryste yn dechrau yn Lavernock Point ac oddi yma y gwnaeth Marconi ei drawsyriant radio hanesyddol ar draws y môr i Ynys Echni. Mae clogwyni Bro Morgannwg yn ysblennydd a dynodwyd 14 milltir (22.5km) fel Arfordir Treftadaeth. Ymwelwch â'r Ganolfan Ddehongli yn Southerndown i ddarganfod mwy. Gellir canfod un o'r cynefinoedd bywyd gwyllt gwychaf yng Nghymru yng Ngwarchodfa Natur Genedlaethol Cynffig sydd â Chanolfan Wybodaeth ardderchog yn ogystal.

Newport Wetlands National Nature Reserve

Wildlife and farm stock thrive on the Gwent Levels, a wetland area south-east of Newport drained by ditches known locally as 'reens'. An area of 1,079 acres (438 hectares) was designated as a National Nature Reserve in 2008 as its rich grassland, reedbeds and plant life attract a variety of birdlife, butterflies and dragonflies.

Gwarchodfa Natur Genedlaethol Gwlyptir Casnewydd

Mae bywyd gwyllt ac anifeiliaid fferm yn ffynnu ar Wastatiroedd Gwent, ardal o wlyptir i'r de ddwyrain o Gasnewydd wedi'i ddraenio gan ffosydd a elwir yn lleol yn 'reens'. Cafodd ardal o 1,079 erw (438 hectar) ei dynodi fel Gwarchodfa Natur Genedlaethol yn 2008 oherwydd bod ei glaswelltiroedd, gwelyau cyrs a phlanhigion toreithiog yn denu amrywiaeth o adar, ieir bach yr haf a gweision y neidr.

Second Severn Crossing

The Second Severn Crossing, completed in 1996, stands nearly three miles (5km) south-west of the confluence of the River Wye and the River Severn where the coastline of Wales begins. Downstream of the bridge the Severn Estuary has the second largest tidal range in the world after Canada's Bay of Fundy with a tidal rise of 15 metres.

Ail Groesiad Hafren

Mae Ail Groesiad Hafren, a gwblhawyd ym 1996, yn sefyll bron i dair milltir (5km) i'r de orllewin o gydlifiad Afon Gwy ac Afon Hafren lle mae arforlin Cymru yn dechrau. I lawr yr afon o'r bont mae gan Aber Hafren yr ystod llanw ail fwyaf yn y byd ar ôl Bae Fundy yng Nghanada gydag ymchwydd llanw o 15 metr.

Goldcliff

Accompanied by the evocatively haunting calls of curlew, the Goldcliff foreshore at dawn is a place of natural tranquillity. On the landward side of the seawall, between Nash Village and Uskmouth Power Station, lie the Newport Wetlands – 438 hectares of reedbeds, saline lagoons, wet grassland and scrub designated a National Nature Reserve in 2008.

Goldcliff

Mae blaendraeth Goldcliff ar doriad gwawr gyda chri'r gylfinir yn y cefndir, yn lle o heddwch naturiol. Ar ochr tua'r tir y morglawdd rhwng pentref Nash a Gorsaf Bŵer Uskmouth mae Gwlyptiroedd Casnewydd – 438 hectar o gorsleoedd, lagwnau heli, glaswelltir gwlyb a phrysg a ddynodwyd yn Warchodfa Natur Genedlaethol yn 2008.

Newport Bridge 18/19
Newport's City Footbridge
spans the River Usk next
to the Riverfront Theatre,
both symbols of the exciting
redevelopment of Wales's
newest city. Downstream the
Grade II listed George Street
Bridge, the first cable-stayed
bridge in the UK, stands as a
reminder of Newport's proud
history.

Pont Casnewydd 18/19
Mae Pont Troed Dinas
Casnewydd yn croesi Wysg
nesaf at Theatr Glan yr Afon,
sydd ill dau yn symbolau o
ailddatblygiad cyffrous dinas
ddiweddaraf Cymru. I lawr yr
afon, saif Pont George Street,
sydd wedi'i rhestru ar Radd II,
y bont gyntaf â chynhalbyst cebl
yn y DU, fel atgoffâd o hanes
balch Casnewydd.

St Brides Wentlooge

Remnants of an old wooden jetty suggest a time when people were more engaged in using the coastline here for fishing and transport. Again, the extensive mudflats exposed at low tide are an important feeding area for a number of different estuarine birds.

St Brides Wentlooge

Mae gweddillion hen jeti pren yn awgrymu cyfnod pan oedd pobl yn gwneud mwy o ddefnydd o'r arfordir yma ar gyfer pysgota a thrafnidiaeth. Unwaith eto, mae'r fflatiau llaid helaeth a amlygir adeg y distyll yn ardal fwydo bwysig i nifer o wahanol adar yr aber.

Senedd

The Senedd, designed by the renowned architect Sir Richard Rogers, is a largely transparent building overlooking the waters of Cardiff Bay. Home to the National Assembly for Wales, it provides visitors an opportunity to view politicians in the debating chamber from the Oriel, an open, public space that offers a spectacular panoramic view across the Bay.

Senedd

Mae'r Senedd, a ddyluniwyd gan y pensaer enwog Syr Richard Rogers, yn adeilad tryloyw gan mwyaf sy'n edrych dros ddyfroedd Bae Caerdydd. Yn gartref i Gynulliad Cenedlaethol Cymru, mae'n rhoi cyfle i ymwelwyr edrych ar wleidyddion yn y siambr ddadlau o'r Oriel, gofod agored, cyhoeddus sy'n cynnig golygfa banoramig syfrdanol ar draws y Bae.

Cardiff Bay

Cardiff Bay, once known as Tiger Bay, was one of the most important ports in the world, shipping south Wales coal to all points of the globe. The waterfront now has a cosmopolitan feel with al fresco bars, cafés and restaurants standing alongside the Senedd and the Wales Millennium Centre.

Bae Caerdydd

Bae Caerdydd, a adwaenid gynt fel Tiger Bay, oedd un o'r porthladdoedd pwysicaf yn y byd, ac oddi yma cludid glo o dde Cymru i fannau ar draws y byd. Mae gan lan y dŵr ymdeimlad cosmopolitan erbyn hyn gyda bariau, caffis a bwytai al fresco yn sefyll yn gyfochrog â'r Senedd a Chanolfan Mileniwm Cymru.

Penarth

Opened in 1987, Penarth Marina provides some 350 yacht berths surrounded by extensive modern waterside homes and several marine engineering yards. The beach front promenade with its Victorian Italianate Garden remains a popular draw for visitors.

Penarth

Mae Marina Penarth, a agorwyd ym 1987, yn darparu lle i ryw 350 o gychod hwylio angori. Amgylchynir y marina gan gartrefi helaeth modern ar lan y dŵr a nifer o iardiau peirianneg morol. Mae'r promenâd ger y traeth gyda'i Ardd Eidalaidd Fictoraidd yn dal i fod yn atyniad poblogaidd i ymwelwyr.

Nash Point 26/27

The cliffs here show classic 'layer-cake' stratigraphy formed during the Jurassic period that began 205 million years ago. At Nash Point, the lighthouse was the last to be manned in Wales, until it went automatic in 1998.

Nash Point 26/27

Mae'r clogwyni yma yn dangos stratigraffeg clasurol 'cacen haenog', a ffurfiwyd yn ystod y cyfnod Jwrasig a ddechreuodd 205 miliwn o flynyddoedd yn ôl. Yn Nash Point, y goleudy oedd yr olaf i fod â swyddog yn gweithio ynddo yng Nghymru, hyd nes y cafodd ei droi yn un awtomatig ym 1998.

Dunraven Bay

This area of the Glamorgan Heritage Coast is a Special Conservation Area due to the 20 or so plants of shore dock (Rumex rupestris) growing here that have disappeared elsewhere along the Bristol Channel. The Bay houses an interpretation centre for the Glamorgan Heritage Coast.

Bae Dunraven

Mae'r ardal hon o Arfordir Treftadaeth Morgannwg yn Ardal Cadwraeth Arbennig oherwydd yr ugain neu debyg o blanhigion o dafolen y traeth (Rumex rupestris) sy'n tyfu yma sydd wedi diflannu mewn mannau eraill ar hyd Sianel Bryste. Mae'r bae yn cynnwys canolfan ddehongli ar gyfer Arfordir Treftadaeth Morgannwg.

Porthcawl

The much-respected golf writer Tom Scott once described Royal Porthcawl Golf Club, whose links unfurl alongside Rest Bay on the south Wales coast, as one of the twelve finest golf courses in the world. The club's Royal status was conferred by King Edward VII in 1909.

Porthcawl

Un tro, disgrifiodd yr awdur golff uchel ei barch Tom Scott Glwb Golff Brenhinol Porthcawl, y mae ei feysydd yn ymlwybro ar hyd Rest Bay ar arfordir de Cymru, fel un o'r deuddeng maes golff gorau yn y byd. Rhoddwyd statws Brenhinol i'r clwb gan y Brenin Edward VII ym 1909.

Kenfig National Nature Reserve

This fascinating dunescape stands on the site of a medieval town buried beneath the sands. The dunes are part of the largest active dune system in Europe and are home to a number of rare and endangered plants such as the fen orchid, just one of around 15 species that flower each year.

Gwarchodfa Natur Genedlaethol Cenffig

Mae'r twyni rhyfeddol hyn yn sefyll ar safle tref ganol oesol a gladdwyd o dan y twyni. Mae'r twyni yn rhan o'r system twyni weithredol fwyaf yn Ewrop ac yn gartref i nifer o blanhigion prin a rhai sydd mewn perygl fel tegeirian y ffen, sy'n ddim ond un o ryw 15 o rywogaethau sy'n blodeuo bob blwyddyn.

2. Gower and Carmarthen Bay
Swansea to Pendine

Gower's exceptional landscape was recognised in 1956 when it was declared the UK's first Area of Outstanding Natural Beauty. Although the peninsula is only 16 miles (26km) long by seven miles (11km) wide, it is packed with stunning scenery and many places of interest, and is a mecca for outdoor activities. While the north coast is low-lying where it borders the Loughor Estuary, the south coast boasts spectacular carboniferous limestone cliffs and 25 sandy beaches. Langland, Caswell, Oxwich, Port Eynon and Llangennith are extremely popular in the summer months – though it is still possible to find a secluded cove if you are prepared to walk a little way. An intricate system of gullies and caves make the cliffs fascinating places to explore and the reef is an exceptional area for rock pools.

The peninsula begins in the east with the picturesque village of Mumbles, once a favourite haunt of Dylan Thomas, and compared to the Bay of Naples by nineteenth-century poet Walter Savage Landor. The seafront is an excellent place to take an after dinner stroll and to stop for an ice-cream or coffee. Further along the coastline the bays and reefs offer quality surf breaks when Atlantic swells are running, with the three mile (5km) stretch of Llangennith beach representing the surfing capital of Gower. The 200ft (91m) limestone cliffs are excellent for rock-climbing and feature many classic routes for all abilities.

Many natural caves occur in the cliffs and these were once home to a variety of exotic animals such as elephants, cave bears, wolves, hyenas and early modern humans. These finds provide clues as to palaeoclimatic conditions in the past. For example, the 125,000 year-old Cory Shearwater bones found in Bacon Hole indicate that the climate was once much warmer here as these birds are today found in the Mediterranean. Gower was temporarily inhabitable 29,000 years ago when the last cold stage of the Ice Age was interrupted by a sudden warm phase. Humans were forced to leave again before the peak of the last glaciation around 21,000 years ago.

It is not just the landscape, beauty and history of Gower which makes it so special, but also the variety and quality of wildlife to be found here. Gower has three coastal National Nature Reserves, at Oxwich, Rhossili and Whiteford Burrows, each having its own particular character.

In contrast to Gower, Carmarthen Bay to the west, where the Three Rivers Estuary meets the sea, is a sheltered area. It is an excellent site for bird watching and the Llanelli Wildfowl and Wetlands Centre is a good place to learn more. The Bay became the first marine Special Protection Area in the UK purely for its population of common scoter, a duck that migrates from northern summer breeding sites, such as Arctic Russia, and enjoys some rest and recuperation here on its journey southwards to the Iberian peninsula.

Mumbles Lighthouse
Standing some 115ft (35m) above high water, the solar-powered lighthouse at Mumbles Head warns sea traffic of the perilous Mixon Shoal sandbank just south of Swansea Bay. Two separate plans were needed for its construction in the early 1790s as the first structure collapsed before completion.

Goleudy'r Mwmbwls
Yn sefyll oddeutu 115 troedfedd (35m) uwch ben y penllanw, mae'r goleudy ym Mhen y Mwmbwls a yrrir gan yr haul yn rhybuddio'r drafnidiaeth ar y môr am gefnen dywod beryglus, Mixon Shoal, fymryn i'r de o Fae Abertawe. Roedd angen dau gynllun gwahanol er mwyn ei adeiladu yn nechrau'r 1790au oherwydd syrthiodd yr adeiladwaith cyntaf cyn iddo gael ei gwblhau.

2. Bro Gŵyr a Bae Caerfyrddin
Abertawe i Bentywyn

Rhoddwyd cydnabyddiaeth i dirlun eithriadol Gŵyr ym 1956 pan ddatganwyd yr ardal yn Ardal o Harddwch Naturiol Eithriadol cyntaf y DU. Er bod y penrhyn yn ddim ond 16 milltir (26km) o hyd wrth saith milltir (11km) o led, mae'n llawn o olygfeydd ysblennydd a llawer o fannau o ddiddordeb, ac mae'n feca ar gyfer gweithgareddau awyr agored. Tra bo'r arfordir gogleddol yn isel lle mae'n ffinio ag aber Llwchwr, mae gan yr arfordir deheuol glogwyni calchfaen carbonifferaidd ysblennydd a 25 o draethau tywodlyd. Mae Langland, Caswell, Oxwich, Porth Einon a Llangenydd yn hynod o boblogaidd ym misoedd yr haf – er ei bod yn dal yn bosib dod o hyd i gildraeth tawel os ydych yn barod i gerdded ychydig. Mae system gymhleth o gwlïau ac ogofâu yn gwneud y clogwyni yn fannau hynod o ddiddorol i'w crwydro ac mae'r rîff yn ardal eithriadol am byllau creigiog.

Mae'r penrhyn yn dechrau yn y dwyrain gyda phentref tlws y Mwmbwls a oedd ar un adeg yn un o hoff fannau Dylan Thomas, ac a gymharwyd gan y bardd o'r bedwaredd ganrif ar bymtheg Walter Savage Landor â Bae Naples. Mae'r glan môr yn lle ardderchog i fynd am dro ar ôl swper ac i aros am hufen iâ neu goffi. Ymhellach ar hyd y morlin mae'r baeau a'r riffiau yn cynnig egwyliau syrffio o ansawdd uchel iawn pan fo ymchwydd tonnau'r Iwerydd yn uchel, gyda'r darn tair milltir (5km) o draeth Llangenydd yn cynrychioli prif ganolfan syrffio Gŵyr. Mae'r clogwyni calchfaen 200troedfedd (91m) yn ardderchog ar gyfer dringo creigiau ac yn cynnwys llawer o lwybrau clasurol ar gyfer pob gallu.

Ceir llawer o ogofâu naturiol yn y clogwyni ac roedd y rhain ar un adeg yn gartref i amrywiaeth o anifeiliaid egsotig fel eliffantod, eirth yr ogof, bleiddiaid, hienaod a bodau dynol modern cynnar.

Mae'r darganfyddiadau hyn yn rhoi cliwiau i amodau paleohinsoddol y gorffennol. Er enghraifft, mae esgyrn Pâl yr Iwerydd 125,000 o flynyddoedd oed a ganfuwyd yn Bacon Hole yn nodi bod yr hinsawdd unwaith yn llawer cynhesach yma oherwydd bod yr adar hyn bellach yn cael eu darganfod yn ardal Môr y Canoldir. Roedd modd byw am gyfnod ar Benrhyn Gŵyr 29,000 o flynyddoedd yn ôl pan amharwyd ar gyfnod oer diwethaf Oes yr Iâ gan gyfnod cynnes annisgwyl. Gorfodwyd pobl i adael unwaith eto cyn brig y rhewlifiad diwethaf oddeutu 21,000 o flynyddoedd yn ôl.

Nid dim ond tirlun, harddwch a hanes Gŵyr sy'n ei wneud mor arbennig, ond hefyd amrywiaeth ac ansawdd y bywyd gwyllt sydd i'w ganfod yma. Mae gan Benrhyn Gŵyr dair Gwarchodfa Natur Genedlaethol arfordirol yn Oxwich, Rhosili a Thwyni Whiteford, ac mae gan bob un ohonynt ei gymeriad arbennig.

O'i wrthgyferbynnu â Gŵyr, mae Bae Caerfyrddin i'r gorllewin, lle mae aber y Tair Afon yn cyfarfod y môr, yn ardal gysgodol. Mae'n safle ardderchog i wylio adar ac mae Canolfan Adar Gwyllt a Gwlyptiroedd Llanelli yn lle da i ddysgu mwy. Daeth y Bae i fod yn Ardal Gwarchodaeth Arbennig forol gyntaf yn y DU oherwydd ei phoblogaeth o fôr-hwyaden ddu, hwyaden sy'n mudo o safleoedd magu gogleddol yn yr haf, fel rhannau o Rwsia'r Arctig, ac mae'n mwynhau gorffwys a chael adferiad yma ar ei thaith tua'r de ac i benrhyn Iberia.

Goat's Hole, Paviland

Goat's Hole was among the first British bone caves to be excavated. In 1823, the Rev William Buckland found human bones stained red with ochre which became known as the "Red Lady of Paviland". Recent research identified them as those of a young, healthy male who died around 29,000 years ago, making this the earliest known formal burial in Britain.

Roedd Goat's Hole

Roedd Goat's Hole yn un o'r ogofâu esgyrn cyntaf ym Mhrydain i gael ei chloddio. Ym 1823, canfu'r Parch William Buckland esgyrn dynol wedi eu lliwio'n goch gydag ocr a ddaeth i gael eu galw yn 'Red Lady of Paviland'. Yn ôl ymchwil diweddar canfuwyd bod y rhain yn perthyn i wryw ifanc, iach a fu farw tua 29,000 o flynyddoedd yn ôl, gan wneud hwn y gladdfa ffurfiol gynharaf y gwyddys amdani ym Mhrydain.

Swansea Marina

The sweep of Swansea Bay culminates in Mumbles to the west. By 1550 it developed as an important port, shipping limestone and coal to Cornwall and Devon and then became an important centre for copper smelting in the eighteenth and nineteenth centuries. Some of the redundant docks have been redeveloped into a busy marina.

Marina Abertawe

Daw ehangder Bae Abertawe i ben yn y Mwmbwls i'r gorllewin. Erbyn 1550 datblygodd fel porthladd pwysig, yn cario calchfaen a glo mewn llongau i Gernyw a Dyfnaint ac wedi hynny daeth yn ganolfan bwysig ar gyfer mwyndoddi copr yn y ddeunawfed a'r bedwaredd ganrif ar bymtheg. Cafodd rhai o'r dociau diangen eu hailddatblygu yn Marina prysur.

Mumbles

Originally, villagers here earned their living from oyster dredging, quarrying and farming but, by the Victorian era, the Mumbles had become a tourist destination with attractions such as skating rinks, fairground, pier, concerts and regattas. One of the oldest passenger trains in the world, built in 1804, ran right along the seafront to Mumbles Pier until 1960.

Y Mwmbwls

Yn wreiddiol, enillai'r pentrefwyr eu bywoliaeth yma o dreillio am wystrys, chwarela a ffermio. Ond erbyn oes Fictoria, roedd y Mwmbwls wedi dod yn gyrchfan i dwristiaid gydag atyniadau fel rinciau sglefrio, ffair, pier, cyngherddau a regata. Roedd un o'r trenau teithwyr hynaf yn y byd a adeiladwyd ym 1804 yn rhedeg ar hyd y glan y môr at Bier y Mwmbwls tan 1960.

Port Eynon

Port Eynon is named after an eleventh-century Welsh prince who built a castle here. In the 1900s, the villagers were employed in limestone quarrying and oyster fishing with over 40 skiffs sailing from the beach. A memorial at the church commemorates a day in 1916 when the Glasgow steamer Dunvegan went ashore at Oxwich Point in a howling gale.

Porth Einon

Enwir Porth Einon ar ôl tywysog Cymreig o'r unfed ganrif ar ddeg a adeiladodd gastell yma. Yn yr 1900au, cyflogid y pentrefwyr i chwarela am galchfaen a physgota am wystrys gyda dros 40 o sgiffiau yn hwylio o'r traeth. Mae cofeb yn yr eglwys yn cofio diwrnod ym 1916 pan aeth stemar o Glasgow, Dunvegan, i dir yn Oxwich Point mewn storm ddifrifol.

Langland Bay

Langland, with its Edwardian beach chalets fringing the promenade, has its own particular charm. Its beach is renowned as being one of the first in Wales to be surfed. One of stars of the film *Endless Summer*, Rodney Sumpter was the first world-class surfer of the Gower reefs. One near Port Eynon is named after him.

Bae Langland

Mae gan Langland, gyda'i sialetau traeth o'r oes Edwardaidd, sy'n ffinio â'r promenâd, ei swyn arbennig ei hun. Mae ei draeth yn enwog fel un o'r rhai cyntaf yng Nghymru i gael ei syrffio. Un o sêr y ffilm *Endless Summer*, Rodney Sumpter, oedd y syrffiwr cyntaf o'r safon gorau yn y byd i ddod i riffiau Gŵyr. Enwir un ger Porth Einon ar ei ôl.

Gower

Gower has many windsurfing
venues, from the sheltered
waters of Mumbles, suitable
for beginners, to the exposed
beach at Llangennith which is
a mecca for experienced wave
sailors. Port Eynon is a favourite
spot during winter storms when
offshore gale force winds allow
an expert sailor to carve along a
wave's unbroken wall.

Gŵyr

Mae gan Gŵyr lawer o fannau i
fordhwylio ynddynt, o ddyfroedd
cysgodol y Mwmbwls, sy'n
addas ar gyfer dechreuwyr, i'r
traeth digysgod yn Llangynydd
sy'n gyrchfan i forwyr tonnau
profiadol. Mae Porth Einon yn fan
sy'n ffefryn yn ystod stormydd
y gaeaf pryd y bydd gwyntoedd
mawr oddi ar y lan yn caniatáu i
arbenigwr o forwr dorri cwys ar
hyd mur di-dor ton.

Caswell Bay

Caswell is a sandy beach and a popular tourist destination. Its beach shops are geared towards young families, and are well stocked with all the essentials for building sand castles. Close by is the Bishop's Wood Nature Reserve. There is a coastal path east to Langland Bay with spectacular views across the Bristol Channel to North Devon.

Bae Caswell

Mae Caswell yn draeth tywodlyd ac yn gyrchfan boblogaidd i dwristiaid. Mae siopau'r traeth yn darparu ar gyfer teuluoedd ifainc, ac yn llawn o'r holl hanfodion ar gyfer adeiladu cestyll tywod. Gerllaw mae Gwarchodfa Natur Bishop's Wood. Mae llwybr arfordirol i'r dwyrain o Fae Langland gyda golygfeydd gwych ar draws Sianel Bryste i Ogledd Dyfnaint.

Three Cliffs Bay

The south Gower road offers a tantalising glimpse of Three Cliffs Bay for passers-by but those who stop and take the walk from Pennard, Penmaen or via the valley from Parkmill are well rewarded. The striking features of the Bay are the magnificent three spires of light grey carboniferous limestone.

Bae'r Tri Chlogwyn

Mae ffordd de Gŵyr yn cynnig cipolwg rhyfeddol ar Fae'r Tri Chlogwyn i bobl sy'n mynd heibio ond fe gaiff y rhai hynny sy'n stopio ac yn cerdded o Bennard, Penmaen neu drwy'r dyffryn o Parkmill eu gwobrwyo ar eu canfed. Nodweddion rhyfeddol y Bae yw'r tri meindwr ysblennydd o galchfaen carbonifferaidd llwyd golau.

Worms Head

Early mariners on the Bristol Channel thought this part of Gower resembled a Worm, the Old English for dragon. The ledges of the Outer Worm are alive in early summer with nesting razorbills, guillemots and kittiwakes. During stormy sea conditions, look out for an impressive spray of water from the blowhole on the Outer Head, accompanied by a booming noise.

Pen Pyrod

Roedd morwyr cynnar ar Sianel Bryste yn credu bod y rhan hon o Benrhyn Gŵyr yn debyg i 'worm', yr enw Hen Saesneg am ddraig. Mae silffoedd yr Outer Worm yn llawn bywyd yn nechrau'r haf gyda'r llursod, gwylogod a'r gwylanod coesddu sydd yma'n nythu. Pan fo'r môr yn stormus, chwiliwch am yr ewyn trawiadol o ddŵr o'r mordwll ar yr Outer Head ynghyd â'r sain uchel.

Rhossili

The walk to the top of Rhossili Down is well worth the effort for the exceptional panoramic views from its summit ridge. In June to September its slopes are carpeted in pink heathers and ling.

Rhosili

Mae'r tro i ben Rhosili Down yn wir werth yr ymdrech oherwydd y golygfeydd panoramig eithriadol a geir o esgair y copa. O fis Mehefin i fis Medi gorchuddir y llethrau â grug pinc a ling.

Wreck of the Helvetia, Rhossili
The bare ribs of the wreck of
the Helvetia can be seen
protruding from the sand at the
southern end of the beach.
The oak barque, carrying a
cargo of wood, ran aground
after being blown off course by
strong gales in November, 1887.
Captain and crew were saved.

**Llongddrylliad yr Helvetia,
Rhosili**
Gellir gweld asennau noeth
llong ddrylliedig Helvetia yn
gwthio o'r tywod ym mhen
deheuol y traeth. Trawodd y
llong dderw ar lawr, yn cario
llwyth o bren, ar ôl cael ei
chwythu oddi ar ei chwrs
gan stormydd cryfion yn
Nhachwedd, 1887. Achubwyd
y capten a'r criw.

Millennium Coastal Path

It's hard to believe that the green and pleasant expanse of the Millennium Coastal Park at Llanelli was once a 12.5 mile (20km) stretch of industrial wasteland. The Millennium Coastal Path and cycleway links a number of attractions including the National Wetlands Centre of Wales, Machynys Golf Club and Burry Port Marina.

Llwybr Arfordirol y Mileniwm

Anodd credu i ehangder gwyrdd a dymunol Parc Arfordirol y Mileniwm yn Llanelli fod unwaith yn llain 12.5 milltir (20km) o dir gwastraff diwydiannol. Mae Llwybr a Ffordd Beiciau Arfordirol y Mileniwm yn cysylltu nifer o atyniadau gan gynnwys Canolfan Gwlyptir Genedlaethol Cymru, Clwb Golff Machynys a Marina Porth Tywyn.

Surfing at Gower
Gower lends itself to a large range of water sports, such as surfing, canoeing, sailing, windsurfing and water skiing. Popular surfing spots are Rhossili and Llangennith.

Syrffio ym Mhenrhyn Gŵyr
Mae Gŵyr yn addas iawn ar gyfer ystod eang o chwaraeon dŵr fel syrffio, canŵio, hwylio, syrffio gwynt a sgïo dŵr. Mae Rhosili a Llangynydd yn fannau poblogaidd ar gyfer syrffio.

St Ishmael high tide roost
Hundreds of oystercatchers and
greenshank use the high tide
area at the mouth of the River
Towy during winter.
The oystercatcher is a large,
stocky, black and white wading
bird with a long orange-red bill
and reddish-pink legs.
The greenshank is a winter
migrant in south Wales and
returns to northern Scotland
during the summer months.

Clwyd penllanw Llanismel
Mae cannoedd o biod y môr
a phibyddion coeswyrdd yn
defnyddio'r ardal penllanw yn
aber Tywi yn ystod y gaeaf. Mae'r
bioden y môr yn rhydiwr mawr,
byrdew, du a gwyn gyda phig
oren-goch a choesau cochlyd-
pinc. Mae'r pibydd coeswyrdd
yn ymfudwr gaeaf i dde Cymru
a bydd yn dychwelyd i ogledd yr
Alban yn ystod misoedd yr haf.

Laugharne
Laugharne was once a
thriving port trading with
Bristol. Its main livelihood
came from fishing, cockling
and weaving when the Flemish
settled in the town during the
seventeenth century. The boat-
house here is famous for being
Dylan Thomas' home between
1949 – 53. His writing shed has
been preserved as if its owner
has merely popped to the pub
for a pint.

Lacharn
Roedd Lacharn ar un adeg yn
borthladd ffyniannus yn
masnachu gyda Bryste. Deuai
ei brif fywoliaeth o bysgota, hel
cocos a nyddu pan gyfaneddodd
y Fflandryswyr y dref yn ystod
yr ail ganrif ar bymtheg.
Mae'r tŷ cychod yma yn
enwog am fod yn gartref i
Dylan Thomas rhwng 1949 – 53.
Cadwyd ei sied ysgrifennu fel pe
bai ei pherchennog ond megis
wedi taro draw i'r dafarn
am beint.

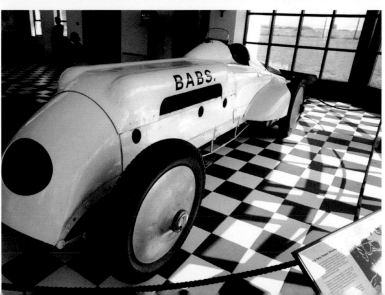

Ferryside and Pendine Sands

Dramatically crowning the hilltop, Llansteffan Castle is an impressive feature when viewed from across the Towy estuary at Ferryside. Just to the west lie the seven miles (11km) of Pendine Sands which have not always enjoyed a reputation for tranquillity as it was here that five world land speed records were broken between 1924 – 27.

Glanyferi a Thraeth Pentywyn

Yn goron drawiadol ar ben y bryn, mae Castell Llansteffan yn nodwedd enfawr pan gaiff ei weld o ochr arall foryd Tywi yng Nglanyferi. Fymryn i'r gorllewin ceir yr saith milltir (11km) o Draeth Pentywyn nad yw bob amser wedi bod yn enwog am lonyddwch, oherwydd dyma lle torrwyd pum record byd am gyflymdra dros dir rhwng 1924 – 27.

3. South Pembrokeshire
Tenby to Druidstone Haven

Tucked away in Wales's south-western corner is a coastline of awe-inspiring natural beauty and variety. Among the most beautiful in Europe, it is a mix of rugged cliffs and headlands, sheltered bays and coves, long sweeping beaches and fascinating offshore islands beckoning from across the water. Pembrokeshire has the only coastal National Park in the United Kingdom with over 258 miles (416km) of coastline and the 185 mile (298km) long Pembrokeshire Coast Path, the first National Trail in Wales.

Looking out to sea from the Pembrokeshire coast, one has a sense of unlimited space, a feeling that nothing exists beyond the horizon. In fact, but for the island of Tenerife in the Canary Islands there would be interrupted ocean all the way down to Antarctica some 8,450 miles (13,600km) away. One would not meet land sailing directly to either South America or the Caribbean.

In complete contrast are the tranquil waters of the Cleddau Estuary, a maze of wooded backwaters holding a succession of delightful villages and an abundance of birdlife. This is all part of the Pembrokeshire Coast National Park whose jewels are, undoubtedly, its offshore islands, the largest of which are Skomer, Skokholm, Ramsey and Caldey. These are internationally important for their seabird and seal populations.

South Pembrokeshire, known as Little England beyond Wales is predominantly English-speaking and is culturally separated from Welsh-speaking North Pembrokeshire by the Landsker Line that has persisted for ten centuries or more. The invisible frontier meets the coast at the northern end of Newgale beach. The highlights of this stretch of coast are the carboniferous limestone cliffs and their associated sea stacks, arches and caves.

The entire south Pembrokeshire coastline from Caldey Island to Angle Bay, some 40 miles (64km), is designated as Heritage Coast. The popular seaside resort of Tenby is blessed with expansive sandy beaches that give way to more rugged cliffs to the west. Just offshore lies Caldey Island, famous for its Cistercian community of monks who farm the island and make perfume. A regular ferry service runs from Tenby's south beach to the island during the holiday season.

Further to the west are the stunning beaches of Barafundle and Broad Haven South and the spectacular limestone cliffs of the Castlemartin Peninsula. This is a rock climber's paradise with many challenging routes that involve abseiling down to near the breaking surf below. A visit to Elegug Stacks and the Green Bridge of Wales during the bird nesting season provides an opportunity to get closer to breeding guillemots and razorbills than anywhere else in the UK.

The peninsula ends with Wales' most challenging west-facing surf beach at Freshwater West. This impressive stretch of golden sand is backed by rolling dunes that are a Site of Special Scientific Interest. To the north are the large inlet of Milford Haven and the Dale and Marloes peninsulas.

Children rockpooling at Marloes Sands. Commercial cocklers endure hours of back-breaking work to harvest a Welsh delicacy.

Plant yn chwilota mewn pyllau trai ar Draeth Marloes. Mae casglwyr cocos yn dioddef oriau o waith llafurus er mwyn cynaeafu amheuthun Cymreig.

3. De Sir Benfro
Dinbych-y-Pysgod i Druidstone Haven

Yng nghhornel de orllewinol Cymru ceir morlin o harddwch naturiol ac amrywiaeth rhyfeddol. Mae ymysg yr harddaf yn Ewrop, ac yn gymysgedd o glogwyni a phentiroedd geirwon, baeau a childraethau cysgodol, traethau hir ac ynysoedd alltraeth rhyfeddol sydd yn eich denu o'r ochr arall i'r dŵr. Mae gan Sir Benfro yr unig Barc Cenedlaethol arfordirol yn y Deyrnas Unedig gyda dros 258 milltir (416km) o forlin a Llwybr Arfordir Sir Benfro sy'n 185 milltir (298km) o hyd, y Llwybr Cenedlaethol cyntaf yng Nghymru.

Wrth edrych allan i'r môr o arfordir Sir Benfro, caiff rhywun ymdeimlad o fod â digon o le o'i gwmpas, teimlad nad oes dim yn bodoli y tu hwnt i'r gorwel. Ond mewn gwirionedd ond am ynys Tenerife yn Ynysoedd y Canary, byddai cefnfor di-dor yr holl ffordd i lawr i Antarctica rhyw 8,450 milltir (13,600km) i ffwrdd. Ni fyddid yn dod ar draws tir wrth hwylio'n uniongyrchol i naill ai Dde America na'r Caribî.

Mewn gwrthgyferbyniad llwyr ceir dyfroedd tawel aber afon Cleddau, drysfa o ferddyfroedd coediog yn cynnwys dilyniant o bentrefi hyfryd a digonedd o adar. Mae hyn i gyd yn rhan o Barc Cenedlaethol Arfordir Sir Benfro a'i emau yn sicr yw ei ynysoedd alltraeth, gyda Sgomer, Skokholm, Ynys Dewi ac Ynys Bŷr fel y rhai mwyaf ohonynt. Mae'r rhain yn bwysig yn rhyngwladol oherwydd eu poblogaethau o adar môr a morloi.

Mae De Sir Benfro a adwaenir fel Little England beyond Wales yn dir lle siaredir Saesneg yn bennaf ac wedi ei wahanu yn ddiwylliannol oddi wrth ogledd Sir Benfro lle siaredir Cymraeg gan y Llinell Landsker sydd wedi parhau am ddeg canrif neu fwy. Mae'r ffin anweladwy yn cyfarfod â'r arfordir ym mhen gogleddol traeth Niwgwl. Uchafbwyntiau'r darn hwn o arfordir yw'r

clogwyni calchfaen carbonifferaidd a'u staciau môr, bwâu ac ogofâu cysylltiedig.

Dynodwyd arforlin De Sir Benfro i gyd, o Ynys Bŷr i Angle Bay, rhyw 40 milltir (64km) yn Arfordir Treftadaeth. Bendithir cyrchfan glan môr poblogaidd Dinbych-y-Pysgod gyda thraethau tywodlyd helaeth sy'n troi yn raddol yn glogwyni mwy garw i'r gorllewin. Ychydig oddi wrth y traeth ceir Ynys Bŷr, sy'n enwog am ei chymuned o fynaich Sistersaidd sy'n ffermio'r ynys ac yn gwneud persawr. Mae gwasanaeth fferi rheolaidd yn hwylio o draeth deheuol Dinbych-y-Pysgod i'r ynys yn ystod y tymor gwyliau.

Ymhellach i'r gorllewin ceir traethau syfrdanol Barafundle a Broad Haven South a chlogwyni calchfaen ysblennydd Penrhyn Castellmartin. Dyma baradwys i ddringwyr creigiau gyda llawer o lwybrau heriol sy'n golygu abseilio i lawr at ymyl yr ewyn môr sy'n torri ar y traethau isod. Mae ymweliad â Staciau Elegug a Phont Werdd Cymru yn ystod y tymor y mae'r adar yn nythu yn rhoi cyfle i fynd yn agosach at wylogod a llursod sy'n magu nag unrhyw le arall yn y DU.

Mae'r penrhyn yn diweddu gyda thraeth syrffio sy'n wynebu'r gorllewin mwyaf heriol Cymru yn Freshwater West. Yn gefndir i'r darn trawiadol hwn o dywod euraidd ceir twyni tonnog sy'n Safle o Ddiddordeb Gwyddonol Arbennig. I'r gogledd ceir cilfach fawr Aberdaugleddau a phenrhyn Dale a Marloes.

Children engaged in the ever popular pastime of crab fishing. Gateholm, once the site of a Roman farm, is a tidal island sheltering the secluded Albion Sands. Learning to surf in friendly waves at Whitesands Bay near St Davids.

Plant yn pysgota am grancod, difyrrwch sy'n fythol boblogaidd. Mae Gateholm, a fu unwaith yn safle fferm Rhufeinig, yn ynys lanwol sy'n cysgodi'r Albion Sands diarffordd. Dysgu brigdonni mewn tonnau cyfeillgar yn Nhraeth Mawr ger Tŷ Ddewi.

Tenby

The picturesque harbour town of Tenby originated as a Viking settlement and grew around the now-ruined Tenby Castle. Its Welsh name, Dinbych-y-Pysgod, means "Little Town of the Fishes" or "Little Fortress of the Fish". In the Georgian and Victorian eras Tenby became a fashionable resort and with its sandy beaches and cobbled streets it remains popular today.

Dinbych-y-Pysgod

Dechreuodd tref harbwr brydferth Dinbych-y-Pysgod fel anheddiad i'r Llychlynwyr a thyfodd o amgylch castell Dinbych-y-Pysgod sydd bellach yn adfail. Yn y cyfnod Sioraidd a Fictoraidd daeth Dinbych-y-Pysgod yn gyrchfan ffasiynol ac oherwydd ei thraethau tywodlyd a'i strydoedd o goblau mae'n dal yn boblogaidd heddiw.

Caldey Island

Caldey Island (Ynys Byr in Welsh) lies just over one mile (1.6 km) off Tenby, and is owned and inhabited by a community of reformed Cistercian monks who make and sell perfume from the island's wild flowers, as well chocolate and other dairy products, to the island's visitors.

Ynys Bŷr

Lleolir Ynys Bŷr ychydig dros filltir (1.6 km) o Dinbych-y-Pysgod, ac mae'n eiddo i gymuned o fynachod Sisteraidd diwygiedig sy'n byw yno ac sy'n gwneud ac yn gwerthu persawr o flodau gwyllt yr ynys, yn ogystal â siocled a chynhyrchion llaeth eraill i'r ymwelwyr i'r ynys.

Barafundle Bay

With its azure waters and soft golden sand, it is easy to see why Barafundle, near Stackpole, has been voted one of the top dozen beaches in the world on more than one occasion. Its limited accessibility, by foot via an ultimately steep cliff path, only adds to its appeal.

Bae Barafundle

Gyda'i ddyfroedd gleision a'i dywod euraidd meddal, mae'n hawdd gweld pam fod pobl wedi pleidleisio i ddewis Barafundle ger Ystagbwll, fel un o'r dwsin o draethau gorau yn y byd ar fwy nag un achlysur. Mae'r ffaith fod ganddo hygyrchedd cyfyngedig, ar droed ar hyd llwybr serth ar hyd y clogwyn, yn gwneud dim ond ychwanegu at ei apêl.

Broad Haven South

Broad Haven South is a beautifully serene sight on a calm summer's day but turns into one of the most challenging surf spots when a large winter swell hits the coast.
Giant wedges form on the left side of the beach when waves rebound off the cliff and it is not unusual to have two waves coming from two directions at the same time.

De Aberllydan

Mae De Aberllydan yn olygfa o lonyddwch hardd ar ddiwrnod tawel o haf ond mae'n troi yn un o'r mannau brigdonni mwyaf heriol pan fydd ymchwydd mawr yn taro'r arfordir yn y gaeaf. Bydd lletemau anferth yn ffurfio ar ochr chwith y traeth pan fod tonnau'n adlamu oddi ar y clogwyn ac nid yw'n anarferol i ddwy don ddod o ddau gyfeiriad yr un pryd.

St Govan's Chapel

In a cleft in the rocks stands a tiny chapel, a sixth-century hermitage founded when St Govan hid in a rocky fissure to escape from Pembrokeshire's pirates. His true identity is unknown. Some believe he was Sir Gawain, King Arthur's nephew and a Knight of the Round Table, while others say he was an Irish abbot, St Gobham.

Capel St Govan

Mewn hollt yn y creigiau ceir capel bychan, cell meudwy o'r chweched ganrif a sefydlwyd pan guddiodd Sant Govan mewn agen greigiog i ddianc oddi wrth fôr-ladron Sir Benfro. Ni wyddys pwy ydoedd mewn gwirionedd. Mae rhai yn credu mai Syr Gawain, nai'r Brenin Arthur ac un o Farchogion y Ford Gron ydoedd, tra dywed eraill ei fod yn Abad Gwyddelig, Sant Gobham.

Elegug Stacks and the Green Bridge of Wales

The Green Bridge of Wales, (page 82/83) the largest arch in the United Kingdom, was formed by coastal erosion. Within easy walking distance to the east are the Elegug ('Guillemot') Stacks which certainly live up to their name in spring and early summer. These two limestone pillars, visible to birdwatchers from just 130ft (40m) away, are home to nesting populations of guillemots.

Staciau Elegug a Phont Werdd Cymru

Ffurfiwyd Pont Werdd Cymru, (tudalen 82/83) y bwa mwyaf yn y Deyrnas Unedig, gan erydiad arfordirol. O fewn pellter cerdded rhwydd i'r dwyrain ceir Staciau Elegug sy'n sicr yn gweddu i'w henw yn y gwanwyn a dechrau'r haf. Mae'r ddau biler calchfaen hyn, sy'n weladwy i wylwyr adar o ddim ond 130 troedfedd (40m) i ffwrdd, yn gartref i boblogaethau sy'n nythu o wylogod.

Milford Haven

Milford Haven was founded as an eighteenth-century whaling centre. Its docks were built in the 1880s when the town became known for deep-sea fishing and engineering. Described by Admiral Nelson as one of the finest harbours in the world, the Haven is now an important port for two oil refineries, two liquid natural gas terminals and the Irish ferry.

Aberdaugleddau

Sefydlwyd Aberdaugleddau fel canolfan morfilo yn y ddeunawfed ganrif. Adeiladwyd ei ddociau yn yr 1880au pan ddaeth y dref yn adnabyddus am bysgota yn y môr dwfn a pheirianneg. Mae'r harbwr, a ddisgrifiwyd gan y Llyngesydd Nelson fel un o'r harbyrau gorau yn y byd, bellach yn borthladd pwysig ar gyfer dwy burfa olew, dwy derfynell nwy hylif naturiol a'r fferi i Iwerddon.

Dale and West Dale
Located near the entrance of the Milford Haven waterway, Dale was once a hive of industry, making and exporting ale to Liverpool, among other cargoes. West Dale, at the opposite end of the small valley that links it with Dale, was chosen by *The Sunday Times* in 2007 as the best British beach for sand and solitude.

Dale a West Dale
Lleolir Dale ger y fynedfa i ddyfrffordd Aberdaugleddau, ac yr oedd ar un adeg yn ferw o ddiwydiant, gan wneud ac allforio cwrw i Lerpwl, ymysg mathau eraill o gargo. Dewiswyd West Dale, ym mhen arall y dyffryn bach sy'n ei gysylltu â Dale, gan *The Sunday Times* yn 2007 fel y traeth gorau ym Mhrydain am dywod a thangnefedd.

Marloes Sands 88/89

Marloes Sands is a beautiful, unspoilt stretch of sand dotted with rocky outcrops. There is something here for everyone, from rock poolers to surfers, geologists to bird watchers. The beach is rarely busy and is a memorable place to visit when huge Atlantic swells pummel the beach during winter time.

Traeth Marloes 88/89

Mae Traeth Marloes yn ddarn hardd, dilychwin o dywod gydag allfrigiadau creigiog yma ac acw. Mae yma rywbeth i bawb, o rai sy'n hoffi chwilota mewn pyllau creigiog i syrffwyr, o ddaearegwyr i wylwyr adar. Anaml y mae'r traeth yn brysur ac mae'n lle cofiadwy i ymweld ag ef pan fo ymchwydd tonnau enfawr Môr Iwerydd yn pwnio'r traeth yn ystod y gaeaf.

Deer Park

The Deer Park at the tip of the Marloes peninsula is an excellent place to watch porpoises feeding in Jack Sound, or seals basking in protected coves on the headland. There are magnificent views of Skomer Island and the waters here are a Marine Nature Reserve. The chough, a member of the crow family, is seen here, too.

Parc Ceirw

Mae'r Parc Ceirw wrth drwyn Penrhyn Marloes yn lle ardderchog i wylio llamidyddion yn bwydo yn Jack Sound, neu forloi yn gorwedd yn yr haul ar gildraethau a warchodir ar y pentir. Ceir golygfeydd gwych o Ynys Sgomer ac mae'r dyfroedd yma yn Warchodfa Natur Forol. Gwelir y frân goesgoch, aelod o deulu'r brain, yma hefyd.

Little Haven

Little Haven, a charming village and small north-west facing sandy cove, offers some shelter from the prevailing south-westerly winds. The highlight of the year is the Regatta with races for all types of craft, including the 'Mackerel Dash', where boats have to catch as many mackerel within an hour and return to the beach.

Little Haven

Mae Little Haven, pentref hyfryd gyda childraeth tywodlyd bychan sy'n wynebu'r gogledd orllewin, yn cynnig rhywfaint o gysgod oddi wrth y prifwyntoedd de orllewinol. Uchafbwynt y flwyddyn yw'r Regata gyda rasys ar gyfer pob math o long gan gynnwys y 'Mackerel Dash' lle mae'n rhaid i'r cychod ddal cymaint o fecryll ag y gallant o fewn awr a dychwelyd i'r traeth.

Skomer Island

At three square miles
(7.5 sq km) Skomer, off the
Pembrokeshire coast, is
Wales's third largest island.
Permanently inhabited until
1958, it is now a National Nature
Reserve, a Site of Special
Scientific Interest and a Special
Protection Area surrounded by
a Marine Nature Reserve – and
home to 500,000 seabirds.

Ynys Sgomer

Sgomer oddi ar arfordir Sir
Benfro, sy'n dair milltir sgwâr
(7.5 km sgwâr) yw trydedd
ynys fwyaf Cymru. Roedd
pobl yn byw yn barhaol arni
tan 1958, ac mae bellach yn
Warchodfa Natur Genedlaethol,
yn Safle o Ddiddordeb
Gwyddonol Arbennig ac yn
Ardal Gwarchodaeth Arbennig
a amgylchynir gan Warchodfa
Natur Forol – ac mae'n gartref i
500,000 o adar môr.

Druidston Haven

Druidston Haven, which lies in an impressive setting with steep cliffs on either side, derives its name from the twelfth-century Norman knight, Dure. The area is special for its geology and abundant graptolite fossils can be found in the shale blocks on the beach. Horse riders can frequently be seen galloping along the water's edge.

Hafan Druidston

Mae Hafan Druidston, a leolir mewn safle rhyfeddol gyda chlogwyni serth ar bob ochr iddi, wedi ei henwi ar ôl y marchog Normanaidd o'r ddeuddegfed ganrif, Dure. Mae'r ardal yn arbennig oherwydd ei daeareg a'i ffosiliau graptolit lluosog a welir yn y blociau siâl ar y traeth. Gellir gweld marchogion ar eu ceffylau yn aml yn carlamu ar hyd lan y dŵr.

Newgale 98/99

The exposed sands of Newgale extend for three miles (4.8km) and are popular in summertime with holidaymakers and all year round with enthusiasts of air, sand and sea sports. A camping site within a stone's throw of the high water line and a surf shop complete the attraction.

Niwgwl 98/99

Mae traeth digysgod Niwgwl yn ymestyn am dair milltir (4.8km) ac maent yn boblogaidd adeg yr haf i ymwelwyr ar wyliau a thrwy gydol y flwyddyn i'r rheiny sy'n frwd am chwaraeon aer, tywod a môr. Mae gwersyllfa o fewn tafliad carreg i'r marc penllanw a siop brigdonni yn cwblhau'r atyniad.

4. North Pembrokeshire
Solva to Cemaes Head

South Pembrokeshire is separated from North Pembrokeshire by the Landsker Line, a cultural boundary that separates English and Welsh speaking areas. The coastline north of the Line at Newgale gradually becomes more and more remote, wild and inaccessible. Some of the strongest tidal currents in the world rip through Ramsey Sound where they are confronted by the Bitches, fingers of rock rising from the depths. Large standing waves form here, providing a playground for the most adventurous kayakers.

Guided boat trips around Ramsey Island leave from the slip underneath the lifeboat station at St Justinians and these can be booked in nearby St Davids. When sea conditions allow, they also visit the offshore islands of the Bishops and Clerks and the gannet colony at Grassholm with a good chance of spotting pods of bottlenose dolphins, and even whales, on the way. A daily ferry service to the island also operates from St Justinians.

The sport of coasteering was invented near St Davids and Whitesands Bay is a renowned surf and kayaking location. Virtually the whole coast has scuba diving potential which has hardly been touched. The highlight of this part of the Welsh coastline is undoubtedly the coastal footpath. Some stretches, such as between Newport and Ceibwr Bay, are long and remote and provide a real sense of wilderness. The cliff top flowers are at their best during early summer when there is a rich tapestry of pink thrift, bluebells, red campion, white sea campion and yellow gorse, kidney vetch and bird's-foot trefoil. Later, in August, the heathers come into full bloom.

Volcanic peaks such as Carn Llidi and Garn Fawr offer spectacular panoramic views with Ireland visible on a clear day. The highest cliffs in Wales are found in the north near Cardigan that protect large seal haul-outs and pupping sites from late August to November. Porpoises are a common site along the coast, particularly at the headlands such as Strumble where they feed in the strong tidal currents.

The fishing villages of Solva and Porthgain have excellent restaurants and are welcome ports of call for those navigating the challenging coastal waters. The larger towns of Newport and Cardigan can be found in the north where the rivers Nevern and Teifi meet the sea. Both have wide sandy beaches which are popular in the summer.

This part of the Welsh coast obviously had great symbolic meaning for ancient Neolithic man as a number of stone burial chambers known as dolmens can be found here. Carreg Coetan Arthur is located on the outskirts of Newport and is bizarrely now surrounded by bungalows. Other chambers can be found on St Davids Head and near to Ceibwr Bay.

Porthclais
Slabs of rock offer the perfect training ground for young aspiring rock climbers.

Porthclais
Mae slabiau o graig yn cynnig y tir hyfforddi perffaith ar gyfer pobl ifainc sy'n dymuno bod yn ddringwyr creigiau.

4. Gogledd Sir Benfro
Solfach i Ben Cemaes

Gwahanir De Sir Benfro oddi wrth Ogledd Sir Benfro gan y Llinell Landsker, ffin ddiwylliannol sy'n gwahanu ardaloedd sy'n siarad Cymraeg a rhai sy'n siarad Saesneg. Mae'r morlin i'r gogledd o'r Llinell yn Niwgwl yn mynd yn fwy a mwy anghysbell, gwyllt ac anhygyrch. Mae rhai o'r cerrynt llanw cryfaf yn y byd yn rhwygo drwy Swnt Dewi lle maent yn dod i wrthdrawiad â 'The Bitches', bysedd o graig sy'n codi o'r dyfnderau. Mae tonnau mawr oddi yma yn cynnig maes chwarae i'r caiacwyr mwyaf anturus.

Mae teithiau tywys mewn cychod o amgylch Ynys Dewi yn gadael o'r slip o dan orsaf y cwch achub yn Sant Justinian a gellir archebu'r rhain yn Nhŷ Ddewi gerllaw. Pan fo amodau'r môr yn caniatáu hynny, maent hefyd yn ymweld ag ynysoedd alltraeth 'The Bishops and Clerks' a'r gytref o huganod yng Ngwales gyda chyfle da i gael cipolwg ar ddolffiniaid trwynbwl a hyd yn oed morloi, ar y ffordd. Mae gwasanaeth fferi dyddiol i'r ynys yn gweithredu hefyd o Sant Justinian.

Dyfeisiwyd y gamp o arfordiro ger Tŷ Ddewi ac mae Bae Whitesands yn lleoliad enwog am syrffio a chaiacio. Mae gan yr arfordir cyfan fwy neu lai botensial nad yw bron wedi ei gyffwrdd ar gyfer deifio sgwba. Uchafbwynt y rhan hon o forlin Cymru yn ddi-os yw'r llwybr arfordirol. Mae rhai darnau, fel rhwng Trefdraeth a Bae Ceibwr, yn hir ac yn anghysbell ac yn cynnig synnwyr o wir wylltineb. Mae'r blodau ar ben y clogwyni ar eu gorau yn nechrau'r haf pan geir tapestri cyfoethog o glustog Fair pinc, clychau'r gog, gludlys coch, gludlys gwyn ac eithin, plucen felen a physen y ceirw. Yn ddiweddarach ym mis Awst, daw'r grug i'w lawn ogoniant.

Mae copaon folcanig fel Carn Llidi a Garn Fawr yn cynnig golygfeydd panoramig ysblennydd ac mae modd gweld Iwerddon ar ddiwrnod clir.

Canfyddir y clogwyni uchaf yng Nghymru yn y gogledd ger Aberteifi sy'n gwarchod safleoedd i'r morloi ddod i'r traeth a safleoedd i'r morloi eni eu rhai bach o ddiwedd Awst i fis Tachwedd. Mae llamidyddion yn olygfa gyffredin ar hyd yr arfordir, yn arbennig yn y pentiroedd fel Strumble lle maent yn bwydo yn y cerrynt llanw cryf.

Mae gan bentrefi pysgota Solfach a Porthgain fwytai ardderchog ac maent yn borthladdoedd croesawgar i'r rhai hynny sydd yn mordwyo'r dyfroedd arfordirol anodd. Gellir canfod trefi mwy Trefdraeth ac Aberteifi yn y gogledd lle mae afonydd Nanhyfer a Theifi yn cyfarfod y môr. Mae gan y ddwy dref draethau tywodlyd eang sy'n boblogaidd yn yr haf.

Roedd gan y rhan hon o arfordir Cymru ystyr symbolaidd bwysig i ddyn Neolithig hynafol oherwydd gellir canfod nifer o siambrau claddu cerrig a adwaenir fel dolmenni yma. Lleolir Carreg Coetan Arthur ar gyrion Trefdraeth ac fe'i hamgylchynir erbyn hyn yn rhyfedd iawn gan fyngalos. Gellir canfod siambrau eraill ar Benmaendewi a ger Bae Ceibwr.

Porthclais
Pembrokeshire's clear blue waters are a magnet for divers, sailors and kayakers and the tiny port of Porthclais, on St Brides Bay, is a popular launching point.

Porthclais
Mae dyfroedd gleision, clir Sir Benfro yn fagned i blymwyr, morwyr a chaiacwyr, ac mae porthladd pitw Porthclais ar Fae Sain Ffraid yn fan lansio poblogaidd.

Solva

The ancient port of Solva is a thriving centre for visitors who enjoy its wide variety of pubs, restaurants, shops and art galleries. Solva harbour is a good example of a ria, which is a glaciated meltwater channel that has been drowned by a rising sea level.

Solfach

Mae porthladd hynafol Solfach yn ganolfan ffyniannus i ymwelwyr sy'n mwynhau ei amrywiaeth eang o dafarndai, bwytai, siopau ac orielau celf. Mae harbwr Solfach yn enghraifft dda o ria, sy'n sianel dŵr tawdd rhewlifol a foddwyd wrth i lefel y môr godi.

Coasteering, St Nons

The sport of coasteering was pioneered in Pembrokeshire by TYF, an organisation based in St Davids. It involves negotiating the coastline by scrambling along the rocks near water level, swimming from outcrop to outcrop and often culminates in a spectacular cliff jump.

Arfordiro, Bae Santes Non

Arloeswyd gyda'r gamp o arfordiro yn Sir Benfro gan TYF, sefydliad a leolir yn Nhŷ Ddewi. Mae'n golygu mynd ar hyd yr arforlin, sgramblo ar hyd y creigiau ger lefel y dŵr, nofio o un allfrig i un arall ac weithiau mae'n diweddu mewn naid syfrdanol ar hyd y clogwyni.

St Justinians Lifeboat Station, St Davids

The rocks, the reefs and the treacherous waters of Ramsey Sound off St Davids made the area a natural site for a lifeboat station in 1869. The boathouse at St Justinians, named after the spiritual father of St David, patron saint of Wales, was renovated in the late 1990s. Daily sailings are made from here to Wales's fourth largest island, Ramsey – a Royal Society for the Protection of Birds nature reserve.

Gorsaf Bad Achub Sant Justinians, Tŷ Ddewi

Gwnaeth y creigiau, y creigresi a dyfroedd twyllodrus Swnt Dewi gyferbyn â Thŷ Ddewi y lle hwn yn safle naturiol ar gyfer gorsaf bad achub ym 1869. Cafodd y tŷ cwch yn Sant Justinians, a enwyd ar ôl tad ysbrydol Dewi Sant, nawddsant Cymru, ei ailwampio ar diwedd y 1990au. Ceir teithiau mewn cwch o'r fan hon, bob dydd i'r bedwaredd fwyaf o ynysoedd Cymru, Ynys Dewi – sy'n warchodfa natur y Gymdeithas Frenhinol er Gwarchod Adar.

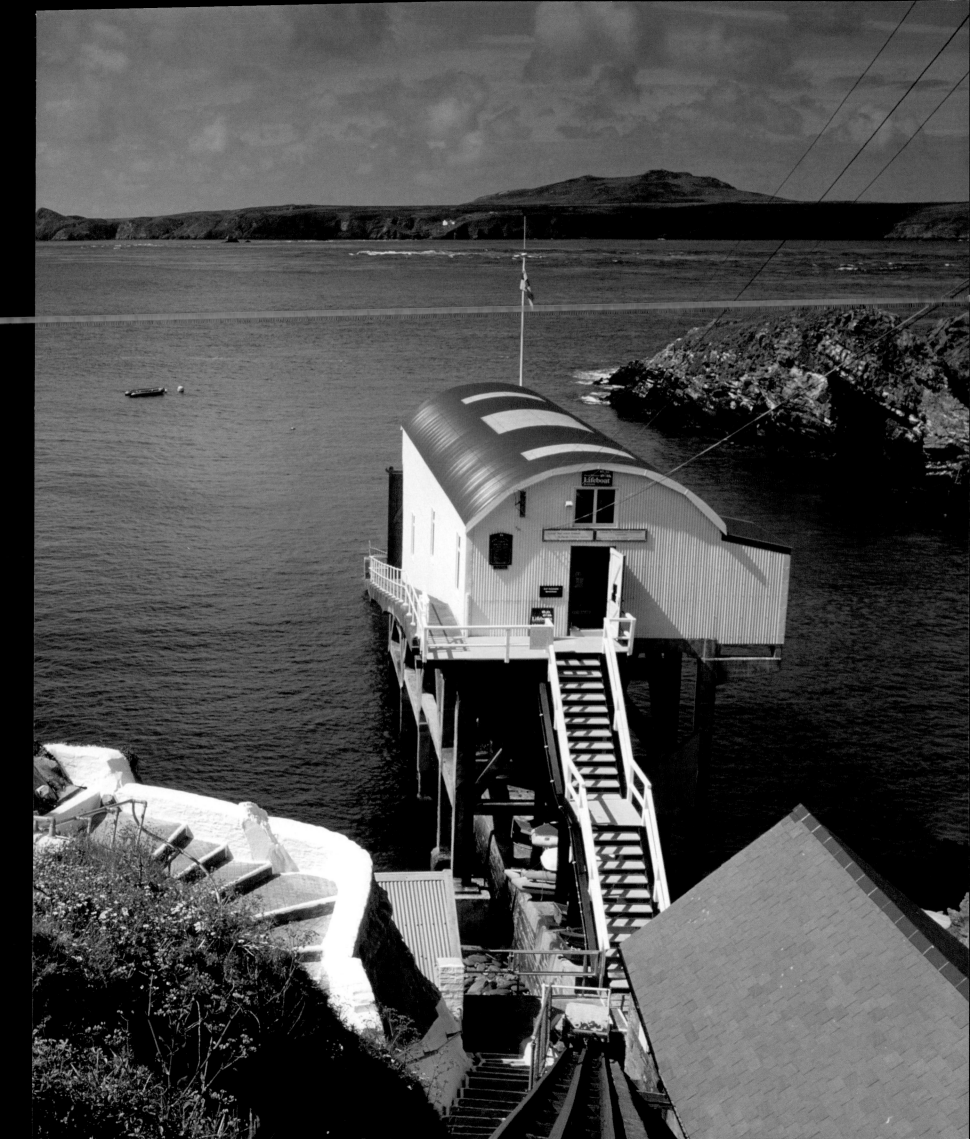

Whitesands Bay/Traeth Mawr

Whitesands Bay is a large sandy beach with views of Ramsey Island and other islets. The beach is popular with surfers, canoeists and divers, sea birds, seals, dolphins and porpoises. Whitesands is a good base for walks along the coastal path to St Davids Head and to the summit of Carn Llidi, from where there are superb views.

Bae Whitesands/Traeth Mawr

Mae Bae Whitesands yn draeth tywodlyd mawr gyda golygfeydd o Ynys Dewi ac ynysigau eraill. Mae'r traeth yn boblogaidd gyda syrffwyr, canŵyr a deifwyr, adar môr, morloi, dolffiniaid a llamidyddion. Mae Whitesands yn lleoliad da ar gyfer cerdded ar hyd y llwybr arfordirol i Benmaen Dewi ac i gopa Carn Llidi, y ceir golygfeydd gwych ohono.

Strumble Head

Since 1908 the lighthouse at Strumble Head, five miles (8km) west of Fishguard, has warned mariners of the rocky coastline of north Pembrokeshire and the treacherous currents of its inshore waters. A converted World War Two observation post also makes it an great place to watch porpoises, seals and seabirds.

Strumble Head

Ers 1908 mae'r goleudy yn Strumble Head, pum milltir (8km) i'r gorllewin o Abergwaun, wedi rhybuddio morwyr am forlin creigiog gogledd Sir Benfro a cherrynt twyllodrus ei ddyfroedd gyda'r lan. Mae gwylfa wedi'i haddasu o'r Ail Ryfel Byd hefyd yn ei wneud yn le gwych i wylo llamidyddion, morloi ac adar y môr.

Newport Beach

The retreating tide exposes the flat expanse of Newport Beach, dotted with holidaymakers in the summer and perfect for a bracing walk in winter. The sight of a rainbow over the headland to the north or a view of the slopes of Foel Fach rising into cloud above the town add to the beauty.

Bae Trefdraeth

Mae'r llanw, wrth iddo gilio, yn amlygu ehangder gwastad Traeth Trefdraeth, sy'n frith o dwristiaid yn yr haf ac yn berffaith ar gyfer taith gerdded ffres yn y gaeaf. Mae gweld enfys dros y pentir i'r gogledd, neu olygfa o lethrau Foel Fach yn codi i gymylau uwch ben y dref yn ychwanegu at y prydferthwch.

Cemaes Head

The cliffs between Cemaes Head and Ceibwr Bay are the highest in Wales at 440ft (135m). Some 400 million years ago these sandstone and mudstone layers were compressed by the collision of two continents. The inaccessible shingle beach below Cemaes Head is an important site for Atlantic grey seals and a pupping beach from late August to the end of November.

Pen Cemaes

Y clogwyni rhwng Pen Cemaes a Bae Ceibwr yw'r uchaf yng Nghymru ar 440 troedfedd (135m). Rhyw 400 miliwn o flynyddoedd yn ôl cafodd yr haenau hyn o dywodfaen a cherrig llaid eu cywasgu wrth i ddau gyfandir wrthdaro. Mae'r traeth siâl anhygyrch islaw Pen Cemaes yn safle pwysig ar gyfer morloi llwyd Iwerydd ac yn draeth lle mae'r morloi yn geni eu rhai bach o ddiwedd Awst i ddiwedd Tachwedd.

5. Cardigan Bay
Mwnt to Barmouth

Cardigan Bay must have looked very different to the first modern humans who lived in Wales, possibly as early as 40,000 years ago when sea levels were much lower due to the Earth having extensive polar ice caps and mountain glaciers. The area from the Llŷn Peninsula southwards to north Pembrokeshire was a great plain with only a wide river separating Wales from Ireland. Three fingers of land are exposed in the Bay during extreme low spring tides and these are known as the Sarnau. Sarn Badrig (St Patrick's Causeway), is the largest at 10.5 miles (17km) and covers a large area north of the Mawddach Estuary, Sarn-y-Bwch extends from the Dysynni Estuary and Sarn Cynfelyn can be seen south of the Dyfi Estuary. These causeways are glacial moraines left by receding ice sheets 10,000 years ago.

Unusual sightings of exotic marine life are not uncommon in Cardigan Bay due to the warm water of the Gulf Stream being channelled into the Bay. Local sea temperatures have also increased due to global warming. The leatherback turtle, the largest of all the marine turtles, is at the limit of its northern range in the Irish Sea and is thought to be a regular visitor to the area where it feeds on jellyfish. Other interesting animals seen are minke whales, trigger fish, seahorses and sunfish.

The 10 mile (16km) stretch of coast between Cardigan and Borth is a hotspot for bottlenose dolphins with peak numbers occurring from June to September. This is the only identified resident community in England and Wales with around 200 individuals in Cardigan Bay all year round. Numbers increase throughout the summer reaching a peak in late September and October. They use the area for feeding, socialising and

nurturing their young. A number of guided dolphin-watching boat trips operate from New Quay and Aberaeron during the summer season. Alternatively, Ynys Lochtyn, a headland just north of Llangrannog, is an excellent vantage point from which to spot dolphins from the mainland.

New Quay is a popular coastal town and fishing port made famous by Dylan Thomas who lived here in 1944. The Dylan Thomas Trail takes visitors to many of the places that were either frequented by Dylan or are believed to appear in *Under Milk Wood*. The rocky reef has excellent rock pools.

A number of interesting villages and towns are dotted along the Bay. Aberaeron has a picture-postcard harbour; Aberystwyth an impressive promenade and pier; Aberdovey nestles at the mouth of the beautiful Dyfi Estuary, just inside the Snowdonia National Park and Barmouth is a grand seaside town on the northern side of the breathtaking Mawddach Estuary.

Two world class sand dune systems can be found at Ynyslas and Morfa Harlech and these are home to exotic orchids as well as a wide variety of other nationally important plant and insect species.

A close encounter with a bottlenose dolphin is an unforgettable experience.

Mae dod wyneb yn wyneb â dolffin trwynbwl yn brofiad bythgofiadwy.

5. Bae Ceredigion
Mwnt i Abermaw

Mae'n sicr y byddai Bae Ceredigion wedi edrych yn wahanol iawn i'r bobl fodern gyntaf oedd yn byw yng Nghymru, o bosib mor gynnar â 40,000 o flynyddoedd yn ôl, pan oedd lefelau'r môr yn llawer is oherwydd bod gan y ddaear gapiau iâ pegynol helaeth a rhewlifoedd mynyddig. Roedd yr ardal o Benrhyn Llŷn tua'r de i ogledd Sir Benfro yn wastadedd mawr gyda dim ond afon lydan yn gwahanu Cymru oddi wrth Iwerddon. Amlygir tri bys o dir yn y Bae yn ystod llanw mawr hynod o isel ac mae'r rhain yn cael eu hadnabod fel y Sarnau. Sarn Badrig yw'r fwyaf ar 10.5 milltir (17km) ac mae'n ymestyn dros ardal fawr i'r gogledd o Aber Mawddach. Mae Sarn y Bwch yn ymestyn o Aber Dysynni a gellir gweld Sarn Cynfelyn i'r de o Aber Dyfi. Mae'r sarnau hyn yn farianau rhewlifol a adawyd ar ôl gan ddalenni iâ a giliodd 10,000 o flynyddoedd yn ôl.

Nid yw cael cipolwg ar fywyd morol egsotig yn anghyffredin ym Mae Ceredigion oherwydd dŵr cynnes Llif y Gwlff sy'n cael ei sianelu i'r Bae. Mae tymereddau'r môr yn lleol hefyd wedi cynyddu oherwydd cynhesu byd-eang. Mae'r môr-grwban lledraidd, y mwyaf o'r holl grwbanod morol, ar ffin ei ystod ogleddol ym Môr Iwerddon a chredir ei fod yn ymwelydd rheolaidd i'r ardal lle mae'n bwydo ar y slefren fôr. Mae anifeiliaid diddorol eraill a welir yn cynnwys morfilod minc, pysgod clicied, morfeirch a physgod yr haul.

Mae darn 10 milltir 16km o arfordir rhwng Aberteifi a Borth yn lle pwysig ar gyfer y dolffiniaid trwynbwl gyda'u niferoedd ar eu huchaf o fis Mehefin i fis Medi. Dyma'r unig gymuned breswyl a nodwyd yng Nghymru a Lloegr gydag oddeutu 200 o unigolion ym Mae Ceredigion drwy'r flwyddyn. Mae'r niferoedd yn cynyddu drwy gydol yr haf gan gyrraedd

uchafswm yn niwedd Medi a Hydref. Maent yn defnyddio'r ardal ar gyfer bwydo, cymdeithasu a meithrin eu rhai bach. Mae nifer o deithiau mewn cwch gyda thywysydd i wylio dolffiniaid yn gweithredu o Gei Newydd ac Aberaeron yn ystod tymor yr haf. Mae Ynys Lochtyn, pentir ychydig i'r gogledd o Langrannog, yn llecyn ardderchog i weld y dolffiniaid o'r tir mawr ohono hefyd.

Mae Cei Newydd yn dref arfordirol boblogaidd ac yn borthladd pysgota a wnaed yn enwog gan Dylan Thomas a oedd yn byw yma ym 1944. Mae Llwybr Dylan Thomas yn mynd ag ymwelwyr i lawer o'r mannau yr arferai Dylan fynd iddynt neu y credir sy'n ymddangos yn *Under Milk Wood*. Mae gan y ñff byllau creigiog ardderchog.

Lleolir nifer o bentrefi a threfi diddorol ar hyd y Bae. Mae gan Aberaeron gerdyn post o harbwr, ac mae gan Aberystwyth bromenâd a phier gogoneddus. Mae Aberdyfi yn nythu yng nghesail aber hardd Dyfi, ychydig o fewn Parc Cenedlaethol Eryri, ac mae Abermaw yn dref glan môr fawreddog ar ochr ogleddol aber ysblennydd afon Mawddach.

Gellir canfod dwy system twyni tywod o'r radd orau yn y byd yn Ynyslas a Morfa Harlech ac mae'r rhain yn gartref i degeirianau egsotig yn ogystal ag amrywiaeth o rywogaethau o blanhigion a phryfed eraill sy'n bwysig yn genedlaethol.

A colourful gem anemone surrounded by feeding mussels.

Milflodyn gem lliwgar wedi'i amgylchynu gan gregyn glas yn bwydo.

Mwnt

The headland near the attractive cove of Mwnt is a good place to watch bottlenose dolphins. Nearby is Eglwys y Grog (Church of the Holy Cross), a tiny thirteenth-century chapel which was a stop for pilgrims en route from St Davids to Bardsey Island. The coastal path features hundreds of Common Spotted orchids that flower from mid-May to early August.

Mwnt

Mae'r pentir ger cildraeth deniadol Mwnt yn lle da i wylio dolffiniaid trwynbwl. Gerllaw mae Eglwys y Grog, capel bychan o'r drydedd ganrif ar ddeg a oedd yn orffwysfan i bererinion ar eu ffordd o Dŷ Ddewi i Ynys Enlli. Mae'r llwybr arfordirol yn cynnwys cannoedd o'r tegeirian brych cyffredin sy'n blodeuo o ganol Mai i ddechrau Awst.

Llangrannog

This was a busy port from 1750. For over a century ships plied across the Irish Sea bringing salt to Wales and carrying herring preserved in barrels on the return journey. The coast between New Quay and Aberporth was notorious for smuggling and piracy.

Llangrannog

Roedd hwn yn borthladd prysur o 1750. Am dros ganrif bu llongau yn croesi Môr Iwerddon gan gludo halen i Gymru a phenwaig wedi eu halltu mewn casgenni ar y daith yn ôl. Roedd yr arfordir rhwng Cei Newydd ac Aberporth yn enwog am smyglo a môr-ladron.

Ynys Lochtyn

Ynys Lochtyn is a rocky peninsula just to the north of Llangrannog that becomes an island at high tide. It lies at the foot of Pendinas Lochtyn, the site of an Iron Age fort. The cliffs here often give good views of bottlenose dolphins as the strong currents off the headland make this a favoured feeding area.

Ynys Lochtyn

Mae Ynys Lochtyn yn benrhyn creigiog ychydig i'r gogledd o Langrannog sy'n troi yn ynys adeg y penllanw. Fe'i lleolir wrth droed Pendinas Lochtyn, safle caer o Oes yr Haearn. Mae'r clogwyni yma yn aml yn rhoi golygfeydd da o ddolffiniaid trwynbwl oherwydd bod y cerrynt cryf oddi ar y pentir yn gwneud hon yn ardal fwydo a ffafrir ganddynt.

New Quay

You can take a cruise boat from New Quay to watch bottlenose dolphins, but the harbour itself is a good viewing spot. It is not unusual to see a dolphin tossing a sea bass in the air, perhaps teaching a youngster how to fish for itself. The town is full of character and is famous for its Dylan Thomas Trail.

Cei Newydd

Gallwch fynd mewn cwch pleser o Gei Newydd i wylio'r dolffiniaid trwynbwl, ond mae'r harbwr ei hun yn lle gwylio da yn ogystal. Nid yw'n anghyffredin gweld dolffin yn taflu draenogiad y môr i'r awyr, gan ddysgu un o'i rai bach efallai sut i bysgota drosto'i hun. Mae'r dref yn llawn cymeriad ac yn enwog am ei Lwybr Dylan Thomas.

Aberaeron

This small fishing village midway between Cardigan and Aberystwyth was designed as a township in 1807 and became one of Cardigan Bay's major nineteenth-century trading ports before the advent of the railways. In keeping with its heritage, the town now hosts the popular Cardigan Bay Seafood Festival each summer.

Aberaeron

Cynlluniwyd y pentref bysgota bach hwn hanner ffordd rhwng Aberteifi ac Aberystwyth fel maestref ym 1807 a daeth yn un o borthladdoedd masnachu mwyaf Bae Ceredigion yn y bedwaredd ganrif ar bymtheg cyn dyfodiad y rheilffyrdd. Yn gydnaws â'i threftadaeth, erbyn hyn mae'r dref yn cynnal yr Ŵyl Bwyd Môr Bae Ceredigion boblogaidd bob haf.

Aberystwyth

Colloquially known as Aber, this vibrant university town contains a number of fine historic buildings. At the southern end of the promenade the pier is particularly attractive at dusk when the lights of the town are reflected in the sea. Constitution Hill can be scaled by the Aberystwyth Electric Cliff Railway but the view is worth a walk.

Aberystwyth

Mae'r dref brifysgol fywiog hon a adwaenir ar lafar fel Aber yn cynnwys nifer o adeiladau hanesyddol gwych. Ym mhen deheuol y promenâd mae'r pier yn arbennig o ddeniadol yn y cyfnos pan adlewyrchir golau'r dref yn y môr. Gellir dringo Craig Glais ar y trên bach ond mae'r olygfa yn werth cerdded i'w gweld.

Ynyslas sand dunes

Ynyslas sand dunes, overlooking Aberdovey, are part of the Dyfi National Nature Reserve. A botanist's paradise, June is the best month to visit when they are covered in bird's-foot trefoil and the air is heavy with the scent of restharrow. The wet dune slacks are carpeted in marsh helleborine and orchids.

Twyni Tywod Ynyslas

Mae twyni tywod Ynyslas, sy'n edrych dros Aberdyfi, yn rhan o Warchodfa Natur Genedlaethol Dyfi. Mae'r lle yn baradwys i'r botanegydd, a mis Mehefin yw'r mis gorau i ymweld pan fo'r twyni wedi eu gorchuddio â physen y ceirw, a phan fo'r awyr yn drwm gydag arogl hyfryd y tagaradr. Gorchuddir y slaciau twyni gwlyb â chaldrist y gors a thegeirianau.

Aberdovey

Each July sailors flock to the popular seaside resort of Aberdovey for the Dovey Regatta Fortnight, but the town's Championship links golf course and four miles (6.5km) of dune-backed sands stretching north towards Tywyn provide plenty of other reasons to holiday here.

Aberdyfi

Bob mis Gorffennaf bydd morwyr yn heidio i dref glan môr boblogaidd Aberdyfi ar gyfer Pythefnos Regata Dyfi, ond mae maes golff Pencampwriaeth y dre a phedair milltir (6.5km) o draeth â thwyni'n gefn iddo sy'n ymestyn i'r gogledd i gyfeiriad Tywyn yn darparu digon o resymau eraill dros ddod yma ar wyliau.

Mawddach Estuary 140/141
The richest veins of gold in Meirionydd were found in the hills north of the Mawddach Estuary during the mid-nineteenth century. These days the area's riches are measured in terms of its abundant natural beauty.

Aber Mawddach 140/141
Canfuwyd y gwythiennau cyfoethocaf o aur ym Meirionydd yn y bryniau i'r gogledd o Aber Mawddach yn ystod canol y bedwaredd ganrif ar bymtheg. Heddiw, caiff trysorau'r ardal eu mesur yn nhermau helaethrwydd ei phrydferthwch naturiol.

Barmouth

The poet William Wordsworth said of Barmouth: "With a fine sea view in front, the mountains behind, the glorious estuary running eight miles inland, and Cadair Idris within compass of a day's walk, Barmouth can always hold its own against any rival".

Abermaw

Meddai'r bardd William Wordsworth am Abermaw: "Gyda golygfa dda o'r môr o'ch blaen, a'r mynyddoedd y tu ôl i chi, yr aber godidog yn rhedeg am wyth milltir yn ôl i'r tir, a Chadair Idris o fewn diwrnod o gerdded, gall Abermaw bob amser ddal ei dir yn erbyn unrhyw wrthwynebydd".

6. Llŷn Peninsula
Morfa Harlech to Porth Dinllaen

The Llŷn Peninsula is usually defined as the strip of land south-west of the A487 which runs from Caernarfon to Porthmadog. It stretches 25 miles (40km) into the Irish Sea, dividing Cardigan Bay to the south from Caernarfon Bay to the north. Much of its hills and coast are designated as an Area of Outstanding Beauty. In addition, 54 miles (88km) of its coastline is designated as Heritage Coast, which includes Bardsey Island. It is also an exceptional area for wildlife with 22 Sites of Special Scientific Interest.

Bardsey Island lies at its western tip and the area has been associated with pilgrims for centuries. It was regarded as sacred by the Welsh and is reputed to be the burial place of 20,000 saints. Legend has it that Merlin also lies buried here, ready to awake when King Arthur returns to Britain. The best views can be gained by following the National Trust trail from Aberdaron which runs for 1.8 miles (3km) to the wild headland at Uwchmynydd.

The Llŷn Coastal Path extends for 91 miles (146km) from Caernarfon along the north Llŷn coast to Uwchmynydd and then along the southern coast to Porthmadog. The clear waters surrounding the Llŷn are full of colourful and exciting creatures with many excellent scuba diving sites. The area has been designated as a Special Area of Conservation – the Pen Llŷn a'r Sarnau SAC is the second largest in the UK. This covers the wildlife of an area of coast and sea running in parallel with Sarn Badrig (St Patrick's Causeway) which joins the coast at Shell Island, just to the south of Harlech. It is a glacial moraine around 10.5 miles (17km) in length and large sections are exposed on low spring tides.

Porthmadog is the southern entry point for the Llŷn and is located at the mouth of the River Glaslyn where there is a picturesque marina.

Just to the south, on the banks of the Dwyryd Estuary is the elegant, quirky, Italianate village of Portmeirion. The Estuary itself is hauntingly beautiful, especially at dawn, with herons feeding in the tidal pools.

Further along the Llŷn to the west is the town of Criccieth which has a sheltered bay overlooked by the ruins of a twelfth-century castle. Abersoch is known foremost as a sailing venue and is an ideal place to learn how to pilot all types of craft. Porth Neigwl or Hell's Mouth beach is the largest on the Llŷn and gets the brunt of any south-westerly swells and is a favourite location for surfers.

The outstanding landscape feature on the north coast of the Llŷn is the Porth Dinllaen peninsula that is only accessible for non-locals by foot. The view to the east of Morfa Nefyn and Yr Eifl (The Rivals) is equally breathtaking.

Bardsey Island

Bardsey lies 2 miles (3km) off the tip of the Llŷn Peninsula. The site of a sixth-century monastery, from early times three pilgrimages to Bardsey were held to equal one to Rome. The island's native wildlife and plant life, including 350 species of lichen, means it attracts scientific as well as spiritual pilgrims.

Ynys Enlli

Gorwedda Enlli 2 filltir (3km) gyferbyn â thrwyn Penrhyn Llŷn. A hithau'n safle mynachdy o'r chweched ganrif, o'r cyfnodau cynharaf ystyrid fod tri phererindod i Enlli yn gyfwerth ag un i Rufain. Mae bywyd gwyllt a phlanhigion brodorol yr ynys, gan gynnwys 350 rhywogaeth o gen, yn golygu ei bod yn denu pererinion gwyddonol yn ogystal â rhai ysbrydol.

6. Penrhyn Llŷn
Morfa Harlech i Borth Dinllaen

Diffinnir Penrhyn Llŷn fel arfer fel y darn o dir i'r de orllewin o'r A487 sy'n rhedeg o Gaernarfon i Borthmadog. Mae'n ymestyn 25 milltir (40km) i Fôr Iwerddon, gan rannu Bae Ceredigion i'r de oddi wrth Fae Caernarfon i'r gogledd. Dynodwyd llawer o'i bryniau a'i harfordir yn Ardal o Harddwch Naturiol Eithriadol. Yn ychwanegol, dynodwyd 54 milltir (88km) o'i forlin yn Arfordir Treftadaeth, sy'n cynnwys Ynys Enlli. Mae hefyd yn ardal eithriadol ar gyfer bywyd gwyllt gyda 22 o Safleoedd o Ddiddordeb Gwyddonol Arbennig.

Lleolir Ynys Enlli wrth ei drwyn gorllewinol ac mae'r ardal wedi bod yn gysylltiedig â phererinion ers canrifoedd. Fe'i hystyriwyd yn sanctaidd gan y Cymry ac yn ôl yr hanes credid bod 20,000 o saint wedi eu claddu yma. Yn ôl y chwedl mae Myrddin hefyd wedi ei gladdu yma, yn barod i ddeffro pan fo'r Brenin Arthur yn dychwelyd i Brydain. Gellir gweld y golygfeydd gorau drwy ddilyn llwybr yr Ymddiriedolaeth Genedlaethol o Aberdaron sy'n rhedeg am 1.8 milltir (3km) at bentir gwyllt Uwchmynydd.

Mae Llwybr Arfordir Llŷn yn rhedeg am 91 milltir (146km) o Gaernarfon ar hyd arfordir gogledd Llŷn i Uwchmynydd ac yna ar hyd yr arfordir deheuol i Borthmadog. Mae'r dyfroedd clir o amgylch Penrhyn Llŷn yn llawn o greaduriaid lliwgar a chyffrous gyda llawer o safleoedd deifio sgwba ardderchog. Dynodwyd yr ardal fel Ardal Cadwraeth Arbennig – ACA Pen Llŷn a'r Sarnau yw'r ail fwyaf yn y DU. Mae hon yn ymdrin â bywyd gwyllt ardal o arfordir a môr sy'n rhedeg yn gyfochrog a Sarn Badrig sy'n ymuno â'r arfordir yn Ynys Mochras ychydig i'r de o Harlech. Mae'n farian rhewlifol oddeutu 10.5 milltir (17km) o hyd ac amlygir adrannau mawr yn ystod llanw mawr isel.

Porthmadog yw'r pwynt mynediad deheuol i Benrhyn Llŷn ac fe'i lleolir wrth geg afon Glaslyn lle ceir marina hyfryd. Ychydig i'r de, ar lannau aber Dwyryd ceir pentref Eidalaidd, od Porth Meirion. Mae'r aber ei hun yn hynod o hardd, yn arbennig ar doriad gwawr, pan ellir gweld y crëyr glas yn bwydo ym mhyllau'r llanw.

Ymhellach ar hyd Penrhyn Llŷn i'r gorllewin ceir tref Cricieth sydd â bae cysgodol gydag adfeilion castell o'r ddeuddegfed ganrif yn edrych i lawr dros y dref. Mae Abersoch yn adnabyddus yn bennaf fel lleoliad ar gyfer hwylio ac yn lle delfrydol i ddysgu sut i drin pob math o gwch. Traeth Porth Neigwl yw'r mwyaf ar Benrhyn Llŷn ac mae'n derbyn y gwaethaf o unrhyw ymchwydd tonnau o gyfeiriad y de orllewinol ac yn boblogaidd iawn gyda syrffwyr.

Y nodwedd tirlun eithriadol ar arfordir gogleddol Penrhyn Llŷn yw penrhyn Porth Dinllaen sy'n hygyrch i rai nad ydynt yn bobl leol ar droed yn unig. Mae'r olygfa i'r dwyrain o Forfa Nefyn a'r Eifl yr un mor rhyfeddol.

Jewel anemones are one of the treasures of the underwater world. The waters around Llŷn can feel cold at first! The beach huts at the top of Llanbedrog Beach add a splash of colour to the great view along the coast to the mountains of Snowdonia. The shanny, often found in rock pools, is an inquisitive fish.

Mae milflodau gem yn un o drysorau y byd tanfor. Gall y dyfroedd o amgylch Llŷn deimlo'n oer i ddechrau! Mae'r cabanau traeth ar ben Traeth Llanbedrog yn ychwanegu rhywfaint o liw i'r olygfa wych ar hyd yr arfordir i fynyddoedd Eryri. Mae'r siani, a geir yn aml mewn pyllau glan môr, yn bysgodyn busneslyd.

Morfa Harlech

Morfa Harlech National Nature Reserve is one of Britain's few accreting sand dune systems and is home to many nationally scarce plant and invertebrate species. It includes a large part of the Glaslyn/Dwyryd estuary that has extensive mud flats and salt marsh which are important feeding grounds for overwintering wildfowl.

Morfa Harlech

Mae Gwarchodfa Natur Genedlaethol Morfa Harlech yn un o'r nifer fach o systemau twyni tywod ymgasglol ym Mhrydain, ac mae'n gartref i lawer o rywogaethau o blanhigion ac anifeiliaid di-asgwrn-cefn sy'n brin yn genedlaethol. Mae'n cynnwys darn mawr o foryd Glaslyn / Dwyryd sydd â thraethellau llaid a morfeydd heli eang sy'n diroedd bwydo pwysig ar gyfer adar gwyllt sy'n treulio'r gaeaf yno.

Portmeirion

This extraordinary Italianate resort village on the Dwryrd Estuary was designed and built by the Welsh architect Sir Clough Williams-Ellis between 1925 and 1975. It was famously used as the setting for *The Prisoner*, a surreal spy drama starring Patrick McGoohan, which was filmed in 1966 and 1967.

Portmeirion

Dyluniwyd ac adeiladwyd y pentref Eidalaidd rhyfeddol hwn ar aber Afon Dwyryd gan y pensaer Cymreig Syr Clough Williams-Ellis rhwng 1925 ac 1975. Fe'i defnyddiwyd yn enwog fel cefndir ar gyfer *The Prisoner*, drama ysbïo swreal yn cynnwys y seren Patrick McGoohan, a ffilmiwyd ym 1966 a 1967.

Dwyryd Estuary

The meandering river and sand banks of the Dwyryd Estuary are stunningly beautiful at low tide. Wildlife abounds here and the area is part of the Morfa Harlech National Nature Reserve. Its extensive mud flats and salt marsh areas are important winter wildfowl feeding grounds. Great views of the Estuary and the mountains of Snowdonia can be gained from Portmeirion.

Aber Dwyryd

Mae afon ddolennog a banciau tywod aber Afon Dwyryd yn rhyfeddol o hardd adeg y distyll. Mae yma ddigonedd o fywyd gwyllt ac mae'r ardal yn rhan o Warchodfa Natur Genedlaethol Morfa Harlech. Mae ei fflatiau llaid helaeth a'i morfeydd heli yn feysydd bwydo pwysig i adar gwyllt yn y gaeaf. Gellir gweld golygfeydd gwyllt o'r aber ac o fynyddoedd Eryri o Borth Meirion.

Porthmadog

Porthmadog has a small
harbour that served the many
narrow gauge railways that
carried slate from quarries
in the mountains. These
included the Croesor Tramway,
Gorseddau Tramway, Ffestiniog
Railway and the Welsh Highland
Railway. The latter two have
steam trains that now carry
tourists into the Snowdon
mountain range.

Porthmadog

Mae gan Borthmadog harbwr
bychan a oedd yn gwasanaethu'r
llu o reilffyrdd cul bychain a
arferai gludo llechi o'r chwareli
yn y mynyddoedd. Roedd y
rhain yn cynnwys Tramffordd
Croesor, Tramffordd Gorseddau,
Rheilffordd Ffestiniog a
Rheilffordd Ucheldir Cymru.
Mae gan y ddau olaf drenau
stêm sydd bellach yn cludo
twristiaid i fynyddoedd Eryri.

Criccieth

Criccieth is dominated by its castle, built by Llywelyn ap Iorwerth in 1230 in a commanding position over Tremadog Bay. Captured by Edward I, the castle withstood its first siege by Welsh rebels with the aid of sea-borne supplies from Ireland.

Criccieth

Y nodwedd amlycaf yng Nghricieth yw'r castell a adeiladwyd gan Llywelyn ap Iorwerth ym 1230 mewn safle awdurdodol uwchben Bae Tremadog. Llwyddodd y castell, a gipiwyd gan Edward y 1af, i wrthsefyll y gwarchae cyntaf arno gan wrthryfelwyr Cymreig gyda chymorth cyflenwadau a ddygwyd i mewn dros y môr o Iwerddon.

Aberdaron

The small village of Aberdaron lies at the western tip of the Llŷn Peninsula. The embarkation point for Bardsey Island, many pilgrims have passed through the village over the years and still continue to do so. Formerly a fishing port, it is now a popular tourist destination, particularly for water sports.

Aberdaron

Lleolir pentref bychan Aberdaron wrth drwyn gorllewinol Penrhyn Llŷn. Dyma'r man ymadael am Ynys Enlli, ac mae llawer o bererinion wedi mynd drwy'r pentref dros y blynyddoedd ac yn parhau i wneud hynny. Roedd y lle ar un adeg yn borthladd pysgota, ac mae bellach yn gyrchfan poblogaidd i dwristiaid, yn arbennig ar gyfer chwaraeon dŵr.

Porth Oer

Porth Oer, just over one mile (2km) from Aberdaron on the northern coast of the Llŷn, is a popular beach with body-boarders. Also known as 'Whistling Sands' as it has smooth white sand that is said to whistle when walked on. Common Spotted orchids are to be found in the grassland behind the beach.

Porth Oer

Mae Porth Oer, ychydig dros filltir (2km) o Aberdaron ar arfordir gogleddol Llŷn yn draeth poblogaidd gyda byrddwyr. Gelwir y fan hon hefyd yn 'Whistling Sands' oherwydd mae yma dywod gwyn llyfn y dywedir sy'n chwibanu pan gerddir arno. Gellir canfod tegeirianau Brych Cyffredin yn y glaswelltir y tu ôl i'r traeth.

Porth Dinllaen

The natural harbour at Porth Dinllaen, tucked away near the end of a narrow peninsula, was used for centuries for the export of live pigs to Liverpool and the import of salt from Ireland for the Nefyn herring industry. The character of the village has been maintained with only a few houses, a lifeboat station and the Tŷ Coch pub.

Porth Dinllaen

Defnyddid yr harbwr naturiol ym Mhorth Dinllaen, sydd wedi ei guddio yn ymyl pen pellaf penrhyn cul, am ganrifoedd i allforio moch byw i Lerpwl ac i fewnforio halen o Iwerddon ar gyfer y diwydiant penwaig yn Nefyn. Cadwyd cymeriad y pentref gyda dim ond ychydig o dai, gorsaf bad achub a thafarn Tŷ Coch.

7. Anglesey and North Wales
Caernarfon to Flint

The Isle of Anglesey, the largest of the Welsh islands, lies off the north-western coast of Wales, separated from the mainland by the Menai Strait. The Isle was known as 'Mam Cymru', (Mother of Wales) during the middle ages as its fertile fields fed much of north Wales. Its 125 miles (201km) of coastline, most of which is designated as an Area of Outstanding Natural Beauty, includes sandy beaches, inaccessible cliffs, mudflats and brackish lagoons.

The Menai Strait contains marine life of world-wide importance due to the unusual conditions created by the sheltered waterway combined with some of the fiercest currents in the UK. The view, from the Anglesey side of the Strait, of the Britannia Bridge with the mountains of Snowdonia behind is one of the classic British vistas. The Welsh town with the longest name in the United Kingdom can be found at the end of the Britannia Bridge. The name Llanfairpwllg-wyngyllgogerychwyrndrobwllllantysiliogogogoch was coined in the nineteenth century to attract tourists to the island.

Newborough Warren – Ynys Llanddwyn, a large National Nature Reserve on the south-western corner of the island, is a superb area for wildlife and a refuge for the rare red squirrel. Llanddwyn Bay is a spectacular sweep of sand and has superb views of the mountains of the Llŷn Peninsula. The beach is ideal for kite buggying and kite surfing as are the sands and estuary of Maltraeth Bay to the north.

Anglesey's most impressive coastal scenery is found at South Stack to the west of Holyhead, the ferry terminal for Ireland. Through binoculars you can watch guillemots, razorbills and puffins all raising their young from the RSPB visitor centre at Ellin's Tower, just to the south of the lighthouse and the seabird cliffs.

The most notable features of the north Wales coast are the towns of Caernarfon, Llandudno and Conwy. The castles at Caernarfon and Conwy, built by Edward I, look out to the mountains of the Snowdonia National Park to the south. Llandudno is Wales's largest seaside resort and has retained its Victorian and Edwardian elegance and splendour. A cable tramway links the town with the Great Orme which provides stunning panoramic views of the coastline and mountains beyond. There is an excellent visitor centre run by wardens at the summit which interprets the rich wildlife of the area.

Conwy, dominated by its castle and well-preserved town walls, is one of the great fortresses of medieval Europe. The smallest house in the UK, at 10ft by 6ft (3.05m by 1.8m), can be found along the quay which is also a favourite crab-fishing spot.

The 40 mile (65km) stretch of coastline from Llandudno to the border with England at the Dee Estuary near Flint features many traditional seaside resorts such as Colwyn Bay, Rhos-on-Sea, Rhyl and Prestatyn that have been popular with Liverpudlians and Mancunians for many years.

Lighthouse and beach, Llanddwyn Island

Is there a more romantic spot in all of Wales? Llanddwyn, with its stunning views over the sea to the mountains of Snowdonia, was the site of the fifth-century retreat of Dwynwen, the Welsh patron saint of lovers, who is remembered on Wales's own St Valentine's Day, January 25th.

Goleudy a thraeth, Ynys Llanddwyn

A oes lle mwy rhamantus yn bod yng Nghymru gyfan? Roedd Llanddwyn, gyda'i olygfeydd gwych dros y môr i fynyddoedd Eryri, yn safle encilfa Dwynwen, nawddsant cariadon Cymru, yn y bumed ganrif, a gofir ar y diwrnod a ystyrir yn Ddydd Sant Folant Cymru, sef Ionawr 25ain.

7. Ynys Môn a Gogledd Cymru
Caernarfon i'r Fflint

Lleolir Ynys Môn, y fwyaf o ynysoedd Cymru, oddi ar arfordir gogledd orllewin Cymru, a wahanir oddi wrth y tir mawr gan afon Menai. Adwaenid yr ynys fel Mam Cymru yn ystod y canol oesoedd oherwydd bod ei chaeau ffrwythlon yn bwydo llawer o ogledd Cymru. Mae ei 125 milltir (201km) o forlin, y dynodwyd y rhan fwyaf ohono yn Ardal o Harddwch Naturiol Eithriadol, yn cynnwys traethau tywodlyd, clogwyni anhygyrch, fflatiau llaid a lagwnau hallt.

Mae afon Menai yn cynnwys bywyd morol o bwysigrwydd byd-eang oherwydd yr amodau anghyffredin a grëwyd gan y ddyfrffordd gysgodol ac a gyfunwyd gyda rhai o'r cerrynt mwyaf ffyrnig yn y DU. Mae'r olygfa o ochr Sir Fôn afon Menai, o Bont Britannia gyda mynyddoedd Eryri yn gefndir iddi yn un o olygfeydd clasurol Prydain. Gellir canfod y dref Gymreig gyda'r enw hwyaf yn y Deyrnas Unedig ar ochr arall Pont Brittania. Cafodd yr enw Llanfairpwllgwyngyllgogerychwyrndrobwllllantysiliogogogoch ei ddyfeisio yn y bedwaredd ganrif ar bymtheg i ddenu twristiaid i'r ynys.

Mae Warin Niwbwrch – Ynys Llanddwyn, Gwarchodfa Natur Genedlaethol fawr ar gornel de orllewin yr ynys, yn ardal wych ar gyfer bywyd gwyllt ac yn hafan i'r wiwer goch brin. Mae Bae Llanddwyn yn ddarn rhyfeddol o dywod ac mae yma olygfeydd gwych o fynyddoedd Penrhyn Llŷn. Mae'r traeth yn ddelfrydol ar gyfer 'kite bugging', a syrffio barcutiaid fel ag y mae twyni ac aber Bae Malltraeth i'r gogledd.

Canfyddir golygfeydd arfordirol mwyaf trawiadol Ynys Môn yn Ynys Lawd i'r gorllewin o Gaergybi, y derfynell fferi i Iwerddon. Drwy ysbienddrych gallwch wylio gwylogod, llursod a phalod i gyd yn magu eu rhai bach o Ganolfan Ymwelwyr y GFGA yn Nhŵr Elin, ychydig i'r de o'r goleudy a chlogwyni'r adar môr.

Nodweddion mwyaf arbennig arfordir gogledd Cymru yw trefi Caernarfon, Llandudno a Chonwy. Mae cestyll Caernarfon a Chonwy, a adeiladwyd gan Edward 1 af yn edrych allan tuag at fynyddoedd Parc Cenedlaethol Eryri i'r de. Llandudno yw cyrchfan glan môr fwyaf Cymru ac mae wedi cadw ei cheinder a'i ysblennydd Fictoraidd ac Edwardaidd. Mae tramffordd cebl yn cysylltu'r dref â'r Gogarth Fawr sydd â golygfeydd panoramig gwych o'r morlin a'r mynyddoedd y tu hwnt. Mae Canolfan Ymwelwyr ardderchog yn cael ei chynnal gan wardeniaid ar y copa sy'n dehongli bywyd gwyllt cyfoethog yr ardal.

Mae Conwy, a oruchafir gan ei chastell a muriau'r dref sydd mewn cyflwr mor dda, yn un o geyrydd mawr Ewrop y canol oesoedd. Mae'r tŷ lleiaf yn y DU sy'n mesur 10 troedfedd wrth 6 troedfedd (3.05m wrth 1.8m) i'w weld hefyd ar y cei sydd hefyd yn hoff fan i bysgota am grancod.

Mae'r darn o forlin 40 milltir (65km) o Landudno at y ffin â Lloegr wrth aber afon Dyfrdwy ger Fflint yn cynnwys llawer o gyrchfannau glan môr traddodiadol fel Bae Colwyn, Llandrillo yn Rhos, Rhyl a Phrestatyn a fu'n boblogaidd gyda phobl Lerpwl a Manceinion ers llawer iawn o flynyddoedd.

Colwyn Bay Pier
Victoria Pier opened in June 1900 and was extended to its current 750ft (228m) in 1903. After fire destroyed its first two pavilions, a third was completed in 1934. In the art deco style it boasted a tearoom depicting an ocean bed scene, with pink and green seaweeds floating through the ruins of a submerged palace.

Pier Bae Colwyn
Agorodd Pier Fictoria ym Mehefin 1900 a chafodd ei ymestyn i'w hyd presennol o 750 troedfedd (228m) ym 1903. Ar ôl i dân ddinistrio'i ddau bafiliwn cyntaf, cwblhawyd y trydydd ym 1934. Yn yr arddull art deco, roedd yn ymfalchïo mewn ystafell de yn portreadu golygfa o wely'r môr, gyda gwymonau pinc a gwyrdd yn arnofio trwy adfeilion palas tanfor.

Caernarfon Castle

Caernarfon Castle dominates the entrance to the Menai Strait with the River Seiont flowing into the sea on the castle's southern side. Construction of the castle began in 1283 after Edward I's army had swept through Snowdonia. Its walls are said to be modelled on those of Constantinople.

Castell Caernarfon

Mae Castell Caernarfon yn tra-arglwyddiaethu ar y fynedfa i afon Menai gydag afon Seiont yn llifo i'r môr ar ochr ddeheuol y castell. Dechreuodd y gwaith o adeiladu'r castell ym 1283 ar ôl i fyddin Edward y 1af ysgubo drwy Eryri. Dywedir bod ei waliau wedi eu modelu ar rai Caer Gystennin.

Menai Strait

A narrow stretch of shallow tidal water about 14 miles (23km) long which separates Anglesey from the mainland, the Menai Strait is home to a unique and diverse collection of marine wildlife. Very strong tidal currents create large amounts of suspended food enjoyed by organisms, such as sponges, that filter their food from the seawater.

Afon Menai

Mae afon Menai, darn cul o ddŵr llanw bas rhyw 14 milltir (23km) o hyd sy'n gwahanu Ynys Môn oddi wrth y tir mawr, yn gartref i gasgliad unigryw ac amrywiol o fywyd gwyllt morol. Mae cerrynt llanw cryfion iawn yn creu cyfansymiau mawr o fwyd mewn daliant a fwynheir gan organebau, fel sbwngau, sy'n hidlo eu bwyd o ddŵr y môr.

South Stack

South Stack lighthouse is situated on an island off an island – the latter being Wales's largest, Anglesey. Dubbed the 'Mother of Wales' by twelfth-century chronicler Giraldus Cambrensis for the legendary fertility of its soil, Anglesey's entire coastline has been deemed an Area of Outstanding Natural Beauty.

Ynys Lawd

Lleolir goleudy Ynys Lawd ar ynys gyferbyn ag ynys – a Sir Fôn, ynys fwyaf Cymru yw'r ail o'r rhain. A hithau wedi'i henwi'n 'Fam Cymru' gan y croniclwr o'r ddeuddegfed ganrif Gerallt Gymro (Giraldus Cambrensis) oherwydd ffrwythlondeb chwedlonol ei phridd, dynodwyd arfordir cyfan Sir Fôn yn Ardal o Harddwch Naturiol Eithriadol.

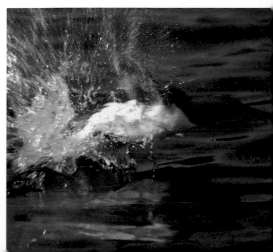

Bangor
Completed in the 1890s, Bangor's Garth Pier is comparatively young among its Victorian counterparts and, courtesy of a refit in the 1980s, stands proudly today as the second longest in Wales. A university city, Bangor is the cultural capital of north Wales. In 1967 it could be argued that it was the cultural capital of the world of pop when the Beatles met the Maharishi Mahesh Yogi for the first time at Bangor Railway Station.

Bangor
Wedi'i gwblhau yn y 1890au, mae Pier y Garth, Bangor, yn gymharol ifanc ymhlith ei gyfoedion Fictoraidd ac, o ganlyniad i gael ei ailwampio yn y 1980au, saif yn falch heddiw fel yr hiraf ond un yng Nghymru. A hithau'n ddinas brifysgol, Bangor yw prifddinas ddiwylliannol gogledd Cymru. Ym 1967 medrid dadlau mai hi oedd prifddinas ddiwylliannol y byd pop pan gyfarfu'r Beatles â'r Maharishi Mahesh Yogi am y tro cyntaf yng Ngorsaf Rheilffordd Bangor.

Llanfairfechan 178/179

The small seaside resort of Llanfairfechan stands below hills rising to the high Carneddau Mountains. On a clear day the Isle of Anglesey can be seen across the water. Morfa Madryn, a saltmarsh area immediately west of the town is a local authority-managed nature reserve of outstanding beauty and a favourite haunt of bird watchers.

Llanfairfechan 178/179

Saif tref fach glan môr Llanfairfechan islaw bryniau sy'n codi i Fynyddoedd uchel y Carneddau. Ar ddiwrnod clir gellir gweld Ynys Môn ar draws y dŵr. Mae Morfa Madryn, ardal o forfa heli nepell i'r gorllewin o'r dref a reolir gan yr awdurdod lleol, yn warchodfa natur o brydferthwch eithriadol ac yn hoff gyrchfan gwylwyr adar.

Conwy

Conwy Castle and the town's walls were built by Edward I between 1283 and 1289 and are still in fine condition today. The town stands on the banks of the Deganwy River at the foothills of Snowdonia. Thomas Telford's suspension bridge majestically spans the river next to the castle.

Conwy

Adeiladwyd Castell Conwy a muriau'r dref gan Edward y 1 af rhwng 1283 ac 1289 ac maent yn dal mewn cyflwr gwych heddiw. Lleolir y dref ar lannau afon Deganwy wrth odreon mynyddoedd Eryri. Mae pont grog Thomas Telford yn rhychwantu'r afon ger y castell mewn dull mawreddog.

Deganwy

The Conwy Estuary is bordered
by Deganwy to the east and
Conwy town to the west. In the
sixth century, the hill above
Deganwy became the fortified
stronghold of Maelgwn, King of
Gwynedd, making it the capital
of the kingdom. Today the
Estuary, and particularly the
RSPB Conwy Nature Reserve, is
a special place for birdlife.

Deganwy

Caiff Aber Conwy ei ffinio
gan Ddeganwy i'r dwyrain a
thref Conwy i'r gorllewin. Yn y
chweched ganrif, daeth y bryn
y tu ôl i Ddeganwy yn gadarnle
caerog Maelgwn, Brenin
Gwynedd, gan ei gwneud yn
brifddinas y deyrnas. Heddiw,
mae'r Aber, ac yn arbennig
Gwarchodfa Natur RSPB Conwy,
yn fan arbennig i weld adar.

Llandudno Pier 184/185
Llandudno Pier is Wales'
longest and is used by Isle of
Man steamers for occasional
excursions to Douglas and by
the paddle steamer Waverley.
The pier was once described
as "zooming out of the sea...
in a spectacular Gothic style
rather like a Maharajah's palace
floating on a lake".

Pier Llandudno 184/185
Pier Llandudno yw'r hiraf yng
Nghymru a chaiff ei ddefnyddio
gan stemars Ynys Manaw ar
gyfer teithiau bob nawr ac
yn y man i Douglas a chan yr
agerlong Waverley. Disgrifiwyd
y pier unwaith fel rhywbeth yn
"rhuthro o'r môr... mewn arddull
Gothig syfrdanol yn ddigon tebyg
i balas Maharaja yn arnofio ar
wyneb llyn".

Rhyl

The shallow waters off the north Wales coast make it an ideal location for offshore wind turbines that generate clean electricity. The North Hoyle windfarm, 4.6 miles (7.5km) from Prestatyn and Rhyl, has 30 turbines that generate 60MW of power.

Rhyl

Mae'r dyfroedd bas oddi ar arfordir gogledd Cymru yn ei wneud yn le delfrydol ar gyfer tyrbinau gwynt ar y môr sy'n cynhyrchu trydan glân. Mae gan fferm wynt North Hoyle, 4.6 milltir (7.5km) o Brestatyn a'r Rhyl, 30 o dyrbinau sy'n cynhyrchu 60MW o bŵer.

Flint 188/189

The lighthouse at Talacre marks the northernmost limit of the Welsh coastline before it runs south for 12.4 miles (20km) along the western side of the Dee Estuary to the border with England near Flint. The dunes at Talacre are a Site of Special Scientific Interest and are now home to one of Wales' rarest creatures, the natterjack toad, which was reintroduced here in 2003.

Fflint 188/189

Mae'r goleudy yn Talacre yn nodi ffin pellaf gogleddol arfordir Cymru cyn iddo droi i'r de am 12.4 milltir (20km) ar hyd ochr orllewinol Moryd Dyfrdwy i'r ffin â Lloegr ger y Fflint. Mae'r twyni tywod yn Talacre yn Safle o Ddiddordeb Gwyddonol Arbennig ac erbyn hyn maent yn gartref i un o greaduriaid prinnaf Cymru, y llyffant cefnfelyn, a ailgyflwynwyd yma yn 2003.

Index

Mynegai

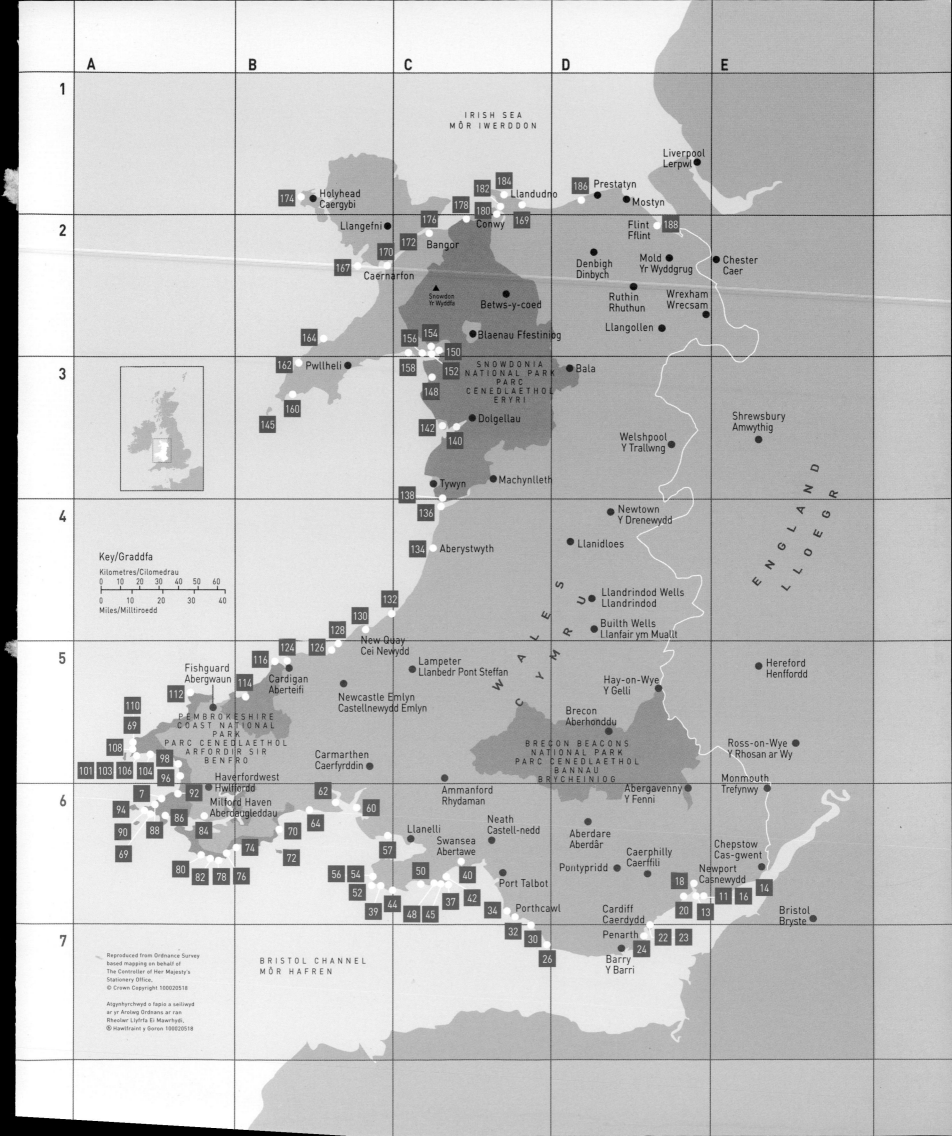

A | B | C | D | E

1

IRISH SEA
MÔR IWERDDON

Liverpool
Lerpwl

184
182   Llandudno   186   Prestatyn
174   Holyhead   178   Mostyn
      Caergybi   180

2   176   Flint   188
      Llangefni   172   Conwy   169   Fflint
                            Bangor   Chester
      170   Caer
167   Denbigh   Mold
      Caernarfon   Dinbych   Yr Wyddgrug

                         ▲ Snowdon   Betws-y-coed   Wrexham
                           Yr Wyddfa   Ruthin   Wrecsam
164   Rhuthun
                       156 154
3   162   Pwllheli   158   150   Blaenau Ffestiniog   Llangollen
                                 152   SNOWDONIA
                            148   NATIONAL PARK   Bala
160   PARC
                                        CENEDLAETHOL
145   ERYRI
                       142
                            140   Dolgellau   Shrewsbury
                                                         Welshpool   Amwythig
                                                         Y Trallwng

                       138   Tywyn   Machynlleth
4   136

                                                         Newtown
                       134   Aberystwyth   Y Drenewydd

                                                         Llanidloes

                       132
                                                         Llandrindod Wells
                       130   Llandrindod
                       128
                                New Quay   Builth Wells
                                Cei Newydd   Llanfair ym Muallt
5   124 126
            116   Lampeter
          114   Llanbedr Pont Steffan   Hereford
Fishguard   Henffordd
Abergwaun   Cardigan   Hay-on-Wye
112   Aberteifi   Y Gelli
110   Brecon
69   Newcastle Emlyn   Aberhonddu
            Castellnewydd Emlyn   Ross-on-Wye
108   Y Rhosan ar Wy
101 103 106 104 98   Carmarthen   BRECON BEACONS
            96   Caerfyrddin   NATIONAL PARK
                                    PARC CENEDLAETHOL   Monmouth
            Haverfordwest   BANNAU   Trefynwy
6   7   Hwlffordd   92   BRYCHEINIOG
94   Milford Haven 62
            Aberdaugleddau   Ammanford   Abergavenny
90 88 86   84 70 64   Rhydaman Y Fenni   Chepstow
                  74   Neath   Aberdare   Cas-gwent
69   72   Llanelli 57   Castell-nedd Aberdâr
                           Swansea   Newport
80 82 78 76   56 54 50   Abertawe   Caerphilly 18   Casnewydd
            52   40   Port Talbot Caerffili   11 16   14
            39 44 37 42   20 13
               48 45 34   Porthcawl   Cardiff   Bristol
7   Caerdydd   Bryste
            32 30   Pontypridd
               26   Penarth   22 23
BRISTOL CHANNEL   Barry   24
MÔR HAFREN   Y Barri

Key/Graddfa

Kilometres/Cilomedrau
0 10 20 30 40 50 60

0   10   20   30   40
Miles/Milltiroedd

WALES
CYMRU

ENGLAND
LLOEGR

Reproduced from Ordnance Survey
based mapping on behalf of
The Controller of Her Majesty's
Stationery Office,
© Crown Copyright 100020518

Atgynhyrchwyd o fapio a seiliwyd
ar yr Arolwg Ordnans ar ran
Rheolwr Llyfrfa Ei Mawrhydi,
ⓗ Hawlfraint y Goron 100020518

Acknowledgements

I would like thank the team
at Graffeg Publishing:
Peter Gill, Vanessa Kilcoyne,
Diana Edwards and
David Williams, who have
made this book possible. I am
grateful to Elizabeth Walker at
the National Museum Wales for
providing information on Gower
bone caves; Ben Evans for
his geological advice;
David Carrington, Reserve
Manager of Kenfig National
Nature Reserve; Wendell
Thomas, Llanelli Wildfowl and
Wetlands Centre; Cath Blakey
and George Rowlands at Ynyslas
National Nature Reserve;
David Angel and Mark Thomas
at the Visit Wales Image Centre,
Sinclair Stammers and
Pat Hughes of Sarn Badrig for
a reviving cup of tea.

Dedication

I would like to dedicate this
book to my wife, Karine, my two
sons Teilo and Iori, my brother
Ian and to my parents, David
and Jean who have all shared
the best moments of my life
by the sea along the coastline
of Wales.

Cydnabyddiaeth

Hoffwn ddiolch i'r tîm yn
Graffeg Publishing:
Peter Gill, Vanessa Kilcoyne,
Diana Edwards a David Williams
sydd wedi gwneud y llyfr hwn
yn bosibl. Rwy'n ddiolchgar i
Elizabeth Walker o Amgueddfa
Cymru am ddarparu
gwybodaeth am ogofâu esgyrn
Penrhyn Gŵyr; Ben Evans
am ei gyngor daearegol;
David Carrington, Rheolwr
Gwarchodfa, Gwarchodfa
Natur Genedlaethol Cynffig,
Wendell Thomas, Canolfan
Adar Gwylltion a Gwlyptiroedd
Llanelli; Cath Blakey a
George Williams o Warchodfa
Natur Genedlaethol Ynyslas;
David Angel a Mark Thomas yng
Nghanolfan Ddelweddau Croeso
Cymru, Sinclair Stammers a
Pat Hughes o Sarn Badrig am
baned o de adnewyddol.

Cyflwyniad

Hoffwn gyflwyno'r llyfr hwn i'm
gwraig Karine, fy nau fab Teilo
ac Iori, fy mrawd Ian ac i'm
rhieni David a Jean sydd i gyd
wedi rhannu eiliadau gorau fy
mywyd gyda mi wrth y môr ar
arfordir Cymru.